Java programmieren lernen

Der leichte Einstieg in die
Programmiersprache Java.
Programmieren lernen ohne
Vorkenntnisse.

Manuel Leier

Inhaltsverzeichnis

Einleitung

In diesem Artikel wird die Java-Plattform vorgestellt und der Unterschied zwischen den drei Editionen Java SE, Java EE und Java ME erläutert. Sie erfahren außerdem etwas über die Rolle der Java Virtual Machine (JVM) beim Bereitstellen von Java-Anwendungen. Ihnen wird bei der Einrichtung eines Java Development Kits (JDK) auf Ihrem System geholfen, damit Sie Java-Programme entwickeln und ausführen können, und Sie werden sich mit der Architektur einer typischen Java-Anwendung vertraut machen.

Was ist Java?

Sie können sich Java als eine allgemeine, objektorientierte Sprache vorstellen, die stark an C und C ++ erinnert, die jedoch einfacher zu verwenden ist, und Ihnen die Erstellung robusterer Programme ermöglicht. Leider gibt diese Definition nicht viel Einblick in Java. Eine detailliertere Definition von Sun Microsystems ist heute genauso relevant, wie im Jahr 2000:

Java ist eine einfache, objektorientierte, netzwerkorientierte, interpretierte, robuste, sichere, architekturneutrale, portable, leistungsstarke, multithreadfähige, dynamische Computersprache.

Betrachten wir jede dieser Definitionen getrennt:

Java ist eine einfache Sprache. Java wurde ursprünglich nach C und C ++ modelliert, abzüglich einiger möglicherweise verwirrender Merkmale. Zeiger, Vererbung mehrerer Implementierungen und Überladen von Operatoren sind einige C / C ++ - Funktionen, die nicht Teil von Java sind. Eine Funktion, die in C / C ++ nicht vorgeschrieben ist, aber für Java essenziell ist, ist eine Funktion zum Sammeln von Speicher, die Objekte und Arrays automatisch wiederherstellt.

Java ist eine objektorientierte Sprache. Der objektorientierte Fokus von Java ermöglicht es Entwicklern, Java anzupassen, um ein Problem zu lösen, anstatt uns zu zwingen, das Problem zu manipulieren, um sprachliche Einschränkungen zu erfüllen. Dies unterscheidet sich von einer strukturierten Sprache wie C. Während Sie sich beispielsweise auf Sparkontoobjekte konzentrieren können, müssen Sie in C separat über den Sparkontozustand (wie ein Kontostand) und Verhaltensweisen (wie Einzahlung und Abhebung) nachdenken.

Java ist eine netzwerkfähige Sprache. Die umfangreiche Netzwerkbibliothek von Java erleichtert die Handhabung von TCP / IP-Netzwerkprotokollen wie HTTP (Hypertext Transfer Protocol) und FTP (File Transfer Protocol) und vereinfacht die Herstellung von Netzwerkverbindungen. Darüber hinaus können Java-Programme auf Objekte in einem TCP / IP-Netzwerk über URLs (Uniform Resource Locators) mit der gleichen Leichtigkeit zugreifen, auf die Sie vom lokalen Dateisystem aus zugreifen würden.

Java ist eine interpretierte Sprache. Zur Laufzeit wird ein Java-Programm indirekt auf der zugrunde liegenden Plattform (wie Windows oder Linux) über eine virtuelle Maschine (die eine Softwaredarstellung einer hypothetischen Plattform ist) und die zugehörige Ausführungsumgebung ausgeführt. Die virtuelle Maschine übersetzt die Bytecodes des Java-Programms (Anweisungen und zugehörige Daten) durch Interpretation in plattformspezifische Anweisungen. Interpretation ist der Vorgang des Herausfindens, was ein Bytecode-Befehl bedeutet, und dann Wählen äquivalenter „vordefinierter" plattformspezifischer Befehle zur Ausführung. Die virtuelle Maschine führt dann diese plattformspezifischen Anweisungen aus.

Die Interpretation erleichtert das Debuggen fehlerhafter Java-Programme, da zur Laufzeit mehr Informationen zur Kompilierung zur Verfügung stehen. Die Interpretation macht es auch möglich, den Verbindungsschritt zwischen den Teilen eines Java-Programms bis zur Laufzeit zu verzögern, was die Entwicklung beschleunigt.

Java ist eine robuste Sprache. Java-Programme müssen zuverlässig sein, da sie sowohl in Consumer- als auch in Mission-Critical-Anwendungen eingesetzt werden, von Blu-ray-Playern bis hin zu Fahrzeugnavigations- oder Luftsteuerungssystemen. Zu den Sprachfeatures, die Java robust machen, gehören Deklarationen, doppelte Typprüfungen zur Kompilierzeit und Laufzeit (um Versionskonflikte zu vermeiden), echte Arrays mit automatischer Grenzprüfung und das Weglassen von

Zeigern. (Wir werden später in dieser Serie ausführlich auf alle diese Funktionen eingehen.)

Ein weiterer Aspekt der Robustheit von Java besteht darin, dass Schleifen durch boolesche Ausdrücke anstelle von Integerausdrücken gesteuert werden müssen, wobei 0 falsch und ein Wert ungleich Null wahr ist. Zum Beispiel:

e, Java erlaubt keine C-artige Schleife wie while (x) x ++; weil die Schleife möglicherweise nicht an der erwarteten Stelle endet. Stattdessen müssen Sie explizit einen booleschen Ausdruck angeben, z. B. while (x! = 10) x ++; (was bedeutet, dass die Schleife laufen wird, bis x gleich 10 ist). Java ist eine sichere Sprache. Java-Programme werden in vernetzten / verteilten Umgebungen verwendet. Da Java-Programme auf die verschiedenen Plattformen eines Netzwerks migrieren und dort ausgeführt werden können, ist es wichtig, diese Plattformen vor bösartigem Code zu schützen, der Viren verbreiten, Kreditkarteninformationen stehlen oder andere böswillige Handlungen ausführen könnte.

Java-Sprachfunktionen, die Robustheit unterstützen (wie das Weglassen von Zeigern), arbeiten mit Sicherheitsfunktionen, wie dem Java-Sandbox-Sicherheitsmodell und der Verschlüsselung mit öffentlichen Schlüsseln. Zusammen verhindern diese Funktionen, dass Viren und anderer gefährlicher Code auf einer nichts ahnenden Plattform Schaden anrichten können. In der Theorie ist Java sicher. In der Praxis wurden verschiedene Sicherheitslücken entdeckt und ausgenutzt. Aus diesem Grund veröffentlichen Sun Microsystems und Oracle auch weiterhin Sicherheitsupdates. Java ist eine architekturneutrale Sprache. Netzwerke verbinden Plattformen mit unterschiedlichen Architekturen, die auf verschiedenen Mikroprozessoren und Betriebssystemen basieren.

Sie können nicht erwarten, dass Java plattformspezifische Anweisungen generiert und diese Anweisungen von allen Arten von Plattformen, die Teil eines Netzwerks sind, „verstanden" werden. Stattdessen erzeugt Java plattformunabhängige Bytecode-Anweisungen, die für jede Plattform einfach zu interpretieren sind (über seine Implementierung der JVM). Java ist eine tragbare Sprache. Die Neutralität der Architektur trägt zur Tragbarkeit bei. Java bietet jedoch mehr Portabilität als plattformunabhängige Bytecode-Anweisungen. Beachten Sie, dass die Integer-Typ-Größen nicht variieren dürfen. Zum Beispiel muss der 32-Bit-Integertyp immer signiert sein und 32 Bits belegen, unabhängig davon, wo die 32-Bit-Ganzzahl verarbeitet wird (z. B. eine Plattform mit 16-Bit-Registern, eine Plattform mit 32-Bit-Registern oder eine Plattform mit 64-Bit-Registern).

Was sind Java-Bibliotheken?

Java-Bibliotheken tragen ebenfalls zur Portabilität bei. Bei Bedarf stellen sie Typen bereit, die Java-Code mit plattformspezifischen Funktionen auf möglichst portable Weise verbinden. Java ist eine Hochleistungssprache. Die Interpretation ergibt ein Leistungsniveau, das normalerweise mehr als ausreichend ist. Für sehr leistungsfähige Anwendungsszenarien verwendet Java die Just-in-time-Kompilierung, die interpretierte Bytecode-Befehlssequenzen analysiert, und häufig interpretierte Befehlssequenzen zu plattformspezifischen Anweisungen kompiliert. Nachfolgende Versuche, diese Bytecodebefehlssequenzen zu interpretieren, führen zur Ausführung äquivalenter plattformspezifischer Befehle, was zu einer Leistungssteigerung führt.

Java ist eine Multithread-Sprache. Um die Leistung von Programmen zu verbessern, die mehrere Aufgaben gleichzeitig ausführen müssen, unterstützt Java das Konzept der Thread-Ausführung. Beispielsweise verwendet ein Programm, das eine grafische Benutzeroberfläche verwaltet, während auf eine Eingabe von einer Netzwerkverbindung gewartet wird, einen anderen Thread, um das Warten durchzuführen, anstatt den Standard-GUI-Thread für beide Aufgaben zu verwenden. Dies hält die GUI ansprechend. Die Java-Synchronisationsgrundelemente ermöglichen es, Threads, Daten sicher untereinander zu kommunizieren, ohne die Daten zu beschädigen.

Da Verbindungen zwischen Programmcode und Bibliotheken zur Laufzeit dynamisch erfolgen, ist es nicht erforderlich, sie explizit zu verknüpfen. Wenn sich ein Programm oder eine seiner Bibliotheken entwickelt (zum Beispiel für eine Fehlerbehebung oder Leistungsverbesserung), muss ein Entwickler nur das aktualisierte Programm oder die aktualisierte Bibliothek verteilen. Obwohl das dynamische Verhalten dazu führt, dass weniger Codes verteilt werden, wenn eine Versionsänderung auftritt, kann diese Verteilungsrichtlinie auch zu Versionskonflikten führen. Ein Entwickler entfernt beispielsweise einen Klassentyp aus einer Bibliothek oder benennt ihn um. Wenn ein Unternehmen die aktualisierte Bibliothek verteilt, schlagen vorhandene Programme, die vom Klassentyp abhängen, fehl.

Um dieses Problem stark zu reduzieren, unterstützt Java einen Schnittstellentyp, der wie ein Vertrag zwischen zwei Parteien ist. Am wichtigsten ist, dass Java sowohl eine Sprache, als auch eine Plattform ist. Erst am 23. Mai 1995 veröffentlicht, ist Java an der Schwelle seines 20. Jahrestages.

In drei Editionen von JavaSun Microsystems wurde 1995 das Java 1.0 Software-Development-Kit (JDK) veröffentlicht. Das erste JDK wurde zur Entwicklung von Desktop-Anwendungen und Applets verwendet, und Java entwickelte sich später zu Enterprise-Server- und Mobile-Device-Programmierung. Die Speicherung aller erforderlichen Bibliotheken in einem einzigen JDK hätte das JDK zu groß für die Verteilung gemacht, insbesondere, weil die Verteilung in den 1990er Jahren erfolgte, nämlich begrenzt durch kleine CDs und langsame Netzwerkgeschwindigkeiten.

Da die meisten Entwickler nicht jede letzte API benötigten (ein Desktop-Anwendungsentwickler musste kaum auf Java-APIs zugreifen), löste Sun das Verteilungsproblem, indem es Java in drei Haupteditionen einbaute. Diese wurden schließlich als Java SE, Java EE und Java ME bekannt: Java Platform, Standard Edition (Java SE) ist die Java-Plattform für die Entwicklung von clientseitigen Anwendungen, die auf Desktops und Applets laufen, die in Webbrowsern laufen. Java Platform, Enterprise Edition (Java EE) ist die Java-Plattform, die auf Java SE aufbaut und ausschließlich für die Entwicklung von unternehmensorientierten Serveranwendungen verwendet wird.

Serverseitige Anwendungen enthalten Servlets, bei denen es sich um Java-Programme handelt, die Applets ähneln, jedoch auf einem Server und nicht auf einem Client ausgeführt werden. Servlets entsprechen der Java-EE-Servlet-API. Die Java-Plattform, Micro Edition (Java ME), baut ebenfalls auf Java SE auf. Es ist die Java-Plattform für die Entwicklung von MIDlets, also von Java-Programmen, die auf mobilen Informationsgeräten laufen, und von Xlets, das sind Java-Programme, die auf eingebetteten Geräten laufen.

Java SA ist die Grundlage für Java. Applets unterliegen dem Java-Sandbox-Sicherheitsmodell. Anwendungen unterliegen nicht standardmäßig diesem Sicherheitsmodell, können jedoch durch die Installation eines Sicherheitsmanagers dem Sicherheitsmodell ausgesetzt werden. Java ist sowohl eine Programmiersprache als auch eine Plattform zum Ausführen von kompiliertem Java-Code. Diese Plattform besteht hauptsächlich aus der JVM, enthält aber auch eine Ausführungsumgebung, die die Ausführung der JVM auf der zugrunde liegenden (nativen) Plattform unterstützt. Die JVM enthält mehrere Komponenten zum Laden, Verifizieren und Ausführen von Java-Codes. Die JVM bietet einen Classloader, einen Bytecode-Verifier und einen Interpreter / Just-in-time-Compiler zum Laden sowie Verifizieren und Ausführen einer Klassendatei.

Ein Java-Programm besteht mindestens aus der Hauptklassendatei, die die erste Klassendatei ist, die geladen, verifiziert und ausgeführt wird. Die JVM delegiert den Klassenladevorgang an ihre Klassenladeprogrammkomponente. Classloader laden Klassendateien aus verschiedenen Quellen, z. B. Dateisystemen, Netzwerken und Archivdateien. Sie isolieren die JVM von den Feinheiten des Klassenladens. Eine geladene Klassendatei wird im Speicher gespeichert und als ein Objekt dargestellt, das aus der Klasse erstellt wurde. Nach dem Laden verifiziert der Bytecode-Verifizierer die verschiedenen Bytecode-Anweisungen, um sicherzustellen, dass sie gültig sind und die Sicherheit nicht gefährden.

Wenn die Bytecodes der Klassendatei nicht gültig sind, wird die JVM beendet. Andernfalls interpretiert seine Interpretationskomponente den Bytecode jeweils zu einem Zeitpunkt. Die Interpretation identifiziert Bytecode-Befehle und führt äquivalente native Befehle aus. Einige Bytecode-Befehlssequenzen werden häufiger ausgeführt als andere. Wenn der Interpreter diese Situation erkennt, kompiliert der Just-in-time (JIT) -Compiler der JVM die Bytecode-Sequenz für eine schnellere Ausführung in nativen Code.

Während der Ausführung begegnet der Interpreter typischerweise einer Anforderung, den Bytecode einer anderen Klassendatei auszuführen (der zu dem Programm oder zu einer Bibliothek gehört). Wenn dies geschieht, lädt der Classloader die Klassendatei und der Bytecode-Verifizierer überprüft den Bytecode der geladenen Klassendatei, bevor er ausgeführt wird. Auch während der Ausführung fordern Bytecode-Anweisungen möglicherweise an, dass die JVM eine Datei öffnet, etwas auf dem Bildschirm anzeigt, einen Ton erzeugt oder eine andere Aufgabe ausführt, die eine Zusammenarbeit mit der nativen Plattform erfordert.

Die JVM reagiert mit ihrer Java Native Interface Brückentechnologie (JNI), um mit der nativen Plattform zur Ausführung der Aufgabe zu interagieren. Java enthält eine große Laufzeitbibliothek von Klassendateien, die kompilierte Klassen und andere Typen speichern.

Java als JRE

Die Java-Plattform wird als Java-Runtime-Environment (JRE) vertrieben, das die JVM, ein Browser-Plug-In zum Ausführen von Applets, das die Standardklassenbibliothek und einige andere Elemente enthält. Sie benötigen sowohl die JRE als auch ein JDK, um Java-Programme entwickeln und ausführen zu können. Der JDK-Download von Oracle enthält die JRE und die grundlegenden Entwicklungstools, die für die Entwicklung, das Debugging und die Überwachung Ihrer Anwendungen in Java erforderlich sind. Zu diesem Zeitpunkt ist Java SE 8u45 die aktuellste Version des JDK.

Anweisung zum Umgang mit JDK

Nachdem Sie das JDK heruntergeladen und installiert haben, sollten Sie Ihre Umgebungsvariable PATH so aktualisieren, dass sie auf das Unterverzeichnis bin des Installationsverzeichnisses des JDK verweist, sodass Sie JDK-Tools von einem beliebigen Verzeichnis im Dateisystem aus ausführen können. Diese Beispiele basieren auf der Verwendung der Befehlszeile mit Java-Befehlszeilenprogrammen, jedoch können Sie NetBeans oder eine andere IDE auch problemlos verwenden.

Wenn Sie Ihre JAVA_HOME-Umgebungsvariable auf das JDK-Installationsverzeichnis verweisen, können Sie jede externe Java-abhängige Software, die Sie anschließend installieren, nach Ihrer JDK-Installation suchen. Das JDK-Installationsverzeichnis enthält verschiedene Dateien und Unterverzeichnisse, einschließlich der folgenden drei wichtigen Unterverzeichnisse:

bin enthält verschiedene JDK-Tools wie den Java-Compiler (javac) und den Java-Application-Launcher (Java). Sie werden mit diesen und anderen Tools in der gesamten Java-101-Serie interagieren. (Beachten Sie, dass der Java-Compiler und der JIT-Compiler zwei verschiedene

Compiler sind.)

jre enthält die private JDK-Kopie der JRE, mit der Sie Java-Programme ausführen können, ohne die eigenständige JRE herunterladen und installieren zu müssen.

lib enthält Bibliotheksdateien, die von JDK-Tools verwendet werden. Zum Beispiel enthält tools.jar die Klassendateien des Java-Compilers - der Compiler ist eine Java-Anwendung. (Das javac-Tool ist nicht der Compiler, sondern eine für die native Plattform spezifische Möglichkeit, die JVM zu starten und den Java-basierten Compiler auszuführen.)

Nachdem Sie das JDK installiert und Ihre Entwicklungsumgebung konfiguriert haben, können Sie Ihre erste Java-Anwendung programmieren.

```
class X

{

public static void main(String[] args)

{

}

}
```

Stellen Sie sich eine Klasse als Platzhalter für die Deklaration von Methoden und Datenelementspeicherorten vor. Die Klassendeklaration beginnt mit der reservierten Wortklasse, auf die ein obligatorischer Name folgt, der durch X dargestellt wird, ein Platzhalter für einen tatsächlichen Namen (z. B. Konto). Auf den Namen folgt eine Gruppe von Methoden und Speicherpositionen für Datenelemente. Der Text wird durch offene Klammern ({) und enge Klammern (}) begrenzt.

Stellen Sie sich eine Methode als einen benannten Code-Block vor, der Eingaben verarbeitet und eine Ausgabe zurückgibt. Der main () empfängt ein Array von String-Objekten, die seine Eingaben beschreiben; Das Array ist eine Datenstruktur, die beliebig viele Elemente aufnehmen kann und sie heißt args. Jedes Objekt identifiziert eine Zeichenfolge, mit doppelten Anführungszeichen, die (in diesem Fall) ein Befehlszeilenargument angibt, z. B. den Namen einer Datei, der als eines der Argumente an die Anwendung übergeben wird. Und main () gibt keine Ausgabe zurück, und daher wird ihm das reservierte Wort void als Rückgabetyp zugewiesen.

Der am meisten verwendete Datentyp in Java ist String, der in seiner Variablen Zeichenketten abspeichert und diese Zeichenketten werden immer in doppelte Anführungszeichen gesetzt. Dabei ist die Länge der Zeichenkette variabel und ein String-Objekt kann mit dem New-Operator erzeugt werden. Zusätzlich wird der Header von main () öffentlich und statisch zugewiesen, sodass er vom Java Application Launcher aufgerufen werden kann. Im Anschluss an diese Methode ist Header ein Code; Wie bei einem Klassenrumpf wird der Methodenrumpf durch geschweifte Klammern getrennt.

Java ist eine objektorientierte Programmiersprache, aber zu Java gehört mehr als das Programmieren mit Objekten.

Unicode- und Zeichencodierung

Wenn Sie den Quellcode eines Programms (normalerweise in einer Textdatei) speichern, werden die Zeichen zum Speichern codiert. Historisch wurde ASCII (der amerikanische Standardcode für Information Interchange) verwendet, um diese Zeichen zu codieren. Da ASCII auf die englische Sprache beschränkt ist, wurde Unicode als Ersatz entwickelt.

Unicode ist ein Computer-Industriestandard für die konsistente Codierung, Darstellung und Handhabung von Text, der in den meisten Schriftsystemen der Welt zum Ausdruck kommt. Unicode verwendet eine Zeichencodierung, um Zeichen für den Speicher zu codieren. Zwei häufig verwendete Kodierungen sind UTF-8 und UTF-16.

Den Java-Code dokumentieren

Es gibt drei Möglichkeiten, Ihren Java-Code zu dokumentieren.

Angenommen, Sie arbeiten in der IT-Abteilung eines großen Unternehmens. Ihr Chef weist Sie an, ein Programm zu schreiben, das aus ein paar Tausend Zeilen Quellcode besteht. Nach ein paar Wochen beenden Sie das Programm und stellen es bereit. Ein paar Monate später bemerken die Benutzer, dass das Programm gelegentlich abstürzt und diese beschweren sich bei Ihrem Chef und er befiehlt Ihnen, es zu beheben. Nachdem Sie Ihr Projektarchiv durchsucht haben, stoßen Sie auf einen Ordner mit Textdateien, die den Quellcode des Programms auflisten. Leider finden Sie, dass der Quellcode wenig sinnvoll ist. Sie haben an anderen Projekten gearbeitet, seit Sie dieses erstellt haben, und Sie können sich nicht erinnern, warum Sie den Code so geschrieben haben, wie Sie es getan haben. Es könnte Stunden oder sogar Tage dauern, bis Sie Ihren Code entschlüsseln, aber Ihr Chef wollte gestern eine Lösung.

Sie können diesen Stress vermeiden, indem Sie den Quellcode mit aussagekräftigen Beschreibungen dokumentieren. Obwohl häufig übersehen, ist das Dokumentieren vom Quellcode beim Schreiben der Programmlogik eine der wichtigsten Aufgaben eines Entwicklers. Wie mein Beispiel zeigt, kann der ursprüngliche Programmierer, wenn er eine gewisse Zeit vom Code entfernt ist, die Gründe für bestimmte Entscheidungen nicht verstehen.

In Java können Sie die Kommentarfunktion verwenden, um Dokumentation in Ihren Quellcode einzubetten. Ein Kommentar ist ein abgegrenzter Textblock, der für Menschen, nicht aber für den Compiler von Bedeutung ist. Wenn Sie den Quellcode kompilieren, ignoriert der Java-Compiler alle Kommentare und es erzeugt keine Bytecodes für sie. Java unterstützt Single Line-, Multi Line- und Javadoc-Kommentare.

Ein einzeiliger Kommentar umfasst eine einzelne Zeile. Es beginnt mit // und endet am Ende der aktuellen Zeile. Der Compiler ignoriert alle Zeichen von // bis zum Ende dieser Zeile.

Ein mehrzeiliger Kommentar umfasst mehrere Zeilen. Es beginnt mit / * und endet mit * /. Alle Zeichen von / * bis * / werden vom Compiler ignoriert.

Wie Sie sehen, ist ein mehrzeiliger Kommentar nützlich, um mehrere Codezeilen zu dokumentieren.

Eine weitere Verwendung für mehrzeilige Kommentare ist das Auskommentieren von Code-Blöcken, die nicht kompiliert werden sollen, aber trotzdem beibehalten werden sollen, da sie möglicherweise in Zukunft benötigt werden. Verschachteln Sie keine mehrzeiligen Kommentare, da der Compiler einen Fehler meldet.

Ein Javadoc-Kommentar ist ein spezieller mehrzeiliger Kommentar. Es beginnt mit / ** und endet mit * /. Alle Zeichen von / ** bis * / werden vom Compiler ignoriert. Das folgende Beispiel zeigt einen Javadoc-Kommentar:

/**

* Application entry point

*

```
* @param args array of command-line arguments passed to this me-
thod

*/

public static void main(String[] args)

{

// TODO code application logic here

}
```

Betrachten Sie diese häufig verwendeten Javadoc-Tags:

@author identifiziert den Autor des Quellcodes.

@deprecated identifiziert eine Quellcodeeinheit (z. B. Methode), die nicht länger verwendet werden sollte.

@param identifiziert einen der Parameter einer Methode.

@see bietet eine Siehe-auch-Referenz.

@since identifiziert die Softwareversion, von der die Entität zuerst stammt.

@return gibt den Wert an, den die Methode zurückgibt.

@throws dokumentiert eine Ausnahme, die von einer Methode ausge-löst wird.

Obwohl sie vom Compiler ignoriert werden, werden Javadoc-Kommentare von javadoc verarbeitet, wodurch sie in HTML-basierte Dokumentation kompiliert werden. Der folgende Befehl generiert beispielsweise die Dokumentation für eine hypothetische Checkers-Klasse: Javadoc Checkers

Bezeichner: Benennen von Klassen, Methoden und mehr in Ihrem Java-Code

Verschiedene Quellcode-Entitäten, wie Klassen und Methoden müssen benannt werden, damit sie im Code referenziert werden können. Java stellt zu diesem Zweck die Kennungsfunktion zur Verfügung, wobei ein Bezeichner nichts anderes als ein Name für eine Quellcodeeinheit ist.

Ein Bezeichner (Identifier) besteht aus Buchstaben (AZ, az oder äquivalente Groß- / Kleinbuchstaben in anderen menschlichen Alphabeten), Ziffern (0-9 oder äquivalente Ziffern in anderen menschlichen Alphabeten), Verbindungszeichen (wie der Unterstrich) und Währungssymbolen (wie das Dollarzeichen). Dieser Name muss mit einem Buchstaben, einem Währungssymbol oder einem verbindenden Interpunktionszeichen beginnen. Außerdem kann es nicht von einer Zeile zur Nächsten übertragen werden.

Im Folgenden finden Sie einige Beispiele für gültige Bezeichner:

i

count2

loanAmount$

last_name

$balance

π (Griechischer Buchstabe Pi -- 3.14159)

Viele Zeichenfolgen sind keine gültigen Bezeichner. Betrachten Sie die folgenden Beispiele:

5points, *weil es mit einer Ziffer beginnt.*

your@email_address, *weil es ein @ hat.*

last name, *weil es eine Lücke hat.*

Java ist eine von Groß- und Kleinschreibung abhängige Sprache, was bedeutet, dass Kennungen, die sich nur im Fall unterscheiden, als separate Kennungen betrachtet werden. Zum Beispiel sind Age und age getrennte Identifikatoren.

Fast jeder gültige Bezeichner kann ausgewählt werden, um eine Klasse, eine Methode oder eine andere Quellcodeeinheit zu benennen. Java reserviert jedoch einige Kennungen für spezielle Zwecke. Sie sind als reservierte Wörter bekannt.

Diese Wörter sind reservierte Identifiers:

abstract, assert, boolean, break, byte, case, catch, char, class, const, continue, default, do, double, else

enum, extends, false, final, finally, float, for, goto, if, implements, import, instanceof, int, interface, long

native, new, null, package, private, protected, public, return, short, static

strictfp, super, switch, synchronized, this, throw, throws, transient, true, try, void, volatile, while

Der Compiler gibt eine Fehlermeldung aus, wenn er feststellt, dass eines dieser reservierten Wörter außerhalb seiner Verwendungskontexte verwendet wird; zum Beispiel als Name einer Klasse oder Methode.

Typen: Werte in Ihrem Java-Code klassifizieren

Java-Anwendungen verarbeiten Zeichen, Ganzzahlen, Fließkommazahlen, Zeichenfolgen und andere Arten von Werten. Alle Werte derselben Art haben bestimmte Eigenschaften. Beispielsweise haben Ganzzahlen keine Brüche und Zeichenfolgen sind Zeichenfolgen mit dem Längenbegriff.

Java bietet die Typfunktion zum Klassifizieren von Werten. Ein Typ ist eine Menge von Werten, ihre Repräsentation im Speicher und eine Reihe von Operationen zum Manipulieren dieser Werte, die sie oft in andere Werte umwandeln. Zum Beispiel beschreibt der Integer-Typ eine Menge von Zahlen ohne gebrochene Teile, eine Zweierkomplementdarstellung (ich werde in Kürze Zweierkomplement erklären) und Operationen, wie Addition und Subtraktion, die neue Ganzzahlen erzeugen.

Java ist eine stark typisierte Sprache.

In stark typisierten Sprachen wie Java hat jede Variable, jeder Ausdruck usw. einen Typ, der dem Compiler bekannt ist. Diese Fähigkeit hilft dem Compiler, typenbezogene Fehler zur Kompilierungszeit zu erkennen, anstatt diese Fehler zur Laufzeit auftreten zu lassen, wenn der Ursprungspunkt schwierig zu orten ist. Ich werde später in diesem Artikel auf Variable eingehen und die Abdeckung von Ausdrücken auf den nächsten Artikel in dieser Reihe verschieben. Java unterstützt primitive Typen, Referenztypen und Array-Typen.

Primitive Arten

Ein primitiver Typ ist ein Typ, der von der Sprache definiert wird und dessen Werte keine Objekte sind. Java unterstützt eine Handvoll primitiver Typen:

Boolean

Character

Byte integer

Short integer

Integer

Long integer

Floating-point

Double precision floating-point

Viele Entwickler wünschen, dass Java keine primitiven Typen unterstützt, da sie Objekte überall bevorzugen, während andere argumen-
tieren, dass Primitive einzigartige und wesentliche Verwendungen haben.

Boolean

Der Boolean-Typ beschreibt Wahr / Falschwerte. Die JVM-Spezifi-
kation gibt an, dass boolesche Werte, die in einem Array gespeichert
sind (später besprochen), als 8-Bit-Ganzzahlwerte (binäre Ziffern) im
Speicher dargestellt werden. Wenn sie in Ausdrücken auftreten, werden diese Werte außerdem als 32-Bit-Ganzzahlen dargestellt. Java lie-
fert AND-, OR- und NOT-Operationen zum Manipulieren boolescher
Werte. Auch sein boolesches reserviertes Wort identifiziert den booleschen Typ im Quellcode.

Beachten Sie, dass die JVM sehr wenig Unterstützung für boolesche
Werte bietet. Der Java-Compiler wandelt sie in 32-Bit-Werte um, wobei 1 für wahr und 0 für falsch steht.

Character

Der Zeichentyp beschreibt Zeichenwerte (zum Beispiel den Großbuchstaben A, die Ziffer 7 und das Sternchen [*]) im Hinblick auf ihre zugewiesenen Unicode-Nummern. (65 ist beispielsweise die Unicode-Nummer für den Großbuchstaben A.) Zeichenwerte werden im Speicher als 16-Bit-Ganzzahlen ohne Vorzeichen dargestellt. Zu den Operationen, die an Zeichen ausgeführt werden, gehört die Klassifizierung, beispielsweise um zu klassifizieren, ob ein gegebenes Zeichen eine Ziffer ist.

Die Erweiterung des Unicode-Standards von 16 Bit auf 32 Bit (um mehr Schreibsysteme, wie z. B. ägyptische Hieroglyphen, zu berücksichtigen) kompliziert den Zeichentyp etwas. Es beschreibt jetzt BMP-Codepunkte (Basic Multilingual Plane), einschließlich der Ersatzcodepunkte oder Codeeinheiten der UTF-16-Codierung. Wenn Sie mehr über BMP, Codepunkte und Code-Einheiten erfahren möchten, lesen Sie die Java-API-Dokumentation der Zeichenklasse. In den meisten Fällen können Sie sich jedoch den Zeichentyp als passende Zeichenwerte vorstellen.

Ganzzahlige Typen/ Integer-Typ

Java unterstützt vier Integer-Typen aus Platz- und Präzisionsgründen: Byte Integer, Short Integer, Integer und Long Integer. Arrays, die auf kürzeren Ganzzahlen basieren, verbrauchen nicht so viel Speicherplatz. Berechnungen mit längeren Ganzzahlen geben Ihnen eine höhere Genauigkeit. Im Gegensatz zum Zeichen-Typ ohne Vorzeichen sind die Integer-Typen signiert.

Der Byte-Integer-Typ beschreibt Ganzzahlen, die in 8 Bits dargestellt sind; Es kann ganzzahlige Werte von -128 bis 127 verarbeiten. Wie bei den anderen Integer-Typen werden Byte-Ganzzahlen als Zweierkomplementwerte gespeichert. In einem Zweierkomplement werden alle Bits umgedreht, von Eins bis Null und von Null bis Eins, und dann wird die Nummer Eins zum Ergebnis hinzugefügt. Das am weitesten links liegende Bit wird als das Vorzeichenbit bezeichnet, und alle anderen Bits beziehen sich auf die Größe der Zahl.

Byte-Ganzzahlen (Byte-Integers) sind am nützlichsten zum Speichern kleiner Werte in einem Array. Der Compiler generiert einen Bytecode, um einen Byte-Integer-Wert in einen Integer-Wert zu konvertieren, bevor eine mathematische Operation wie Addition ausgeführt wird. Javas Byte reserviertes Wort identifiziert den Byte-Integer-Typ im Quellcode.

Kurze Ganzzahl (Short integer)

Der kurze Integer-Typ beschreibt Ganzzahlen, die in 16 Bits dargestellt sind; es kann ganzzahlige Werte von -32.768 bis 32.767 verarbeiten. Es besitzt die gleiche interne Darstellung wie Byte-Integer, aber mit mehr Bits, um seine größere Größe zu berücksichtigen. Der Compiler generiert einen Bytecode, um einen kurzen ganzzahligen Wert in einen ganzzahligen Wert zu konvertieren, bevor eine mathematische Operation ausgeführt wird. Das kurze reservierte Wort von Java identifiziert den kurzen Integer-Typ im Quellcode.

Ganzzahliger Typ (Integer type)

Der Integer-Typ beschreibt Ganzzahlen, die in 32 Bits dargestellt werden. Es kann ganzzahlige Werte von -2.147.483.648 bis 2.147.483.647 aufnehmen. Es besitzt die gleiche interne Repräsentation wie Byte-Integer und Short-Integer, aber mit mehr Bits, um seine größere Größe aufzunehmen. Das reservierte Wort „int" von Java gibt den Integer-Typ im Quellcode an.

Lange Ganzzahl (Long integer)

Der Long-Integer-Typ beschreibt Ganzzahlen, die in 64 Bits dargestellt werden; Es kann ganzzahlige Werte von -263 bis 263-1 aufnehmen. Es besitzt die gleiche interne Darstellung wie Byte-Integer,
Short-Integer und Integer, aber mit mehr Bits, um seine größere Größe
zu berücksichtigen. Das lange reservierte Wort von Java identifiziert
den Long Integer-Typ im Quellcode.

Gleitkommatypen (Floating-point types)

Java unterstützt zwei Fließkommatypen aus Platz- und Präzisionsgründen. Der kleinere Typ ist in einem Array-Kontext nützlich, kann aber
nicht so viele Werte aufnehmen. Obwohl es in einem Array-Kontext
mehr Platz einnimmt, kann der größere Typ einen größeren Bereich
aufnehmen.

Der Fließkommatyp (Floating-point type) beschreibt Gleitkommawerte, die in 32 Bit dargestellt werden. Er kann Gleitkommawerte von
ungefähr +/- 1,18 x 10-38 bis ungefähr +/- 3,4 x 1038 verarbeiten. Es
wird im IEEE 754-Format dargestellt, in dem das am weitesten links
liegende Bit das Vorzeichenbit ist (0 für positiv und 1 für negativ), die
nächsten acht Bits den Exponenten und die letzten 23 Bits die Mantisse, was etwa 6 - 9 Dezimalstellen ergibt Ziffern der Genauigkeit.
Das float-reservierte Wort von Java identifiziert den Fließkommatyp
im Quellcode.

Der Gleitkommawert mit doppelter Genauigkeit (Double precision floating-point type) beschreibt Fließkommawerte, die in 64 Bits
dargestellt werden. Er kann Gleitkommawerte von ungefähr +/-
2,23x10-308 bis ungefähr +/- 1,8x10308 aufnehmen. Es wird im IEEE
754-Format dargestellt, in dem das am weitesten links liegende Bit
das Vorzeichenbit ist (0 für positiv und 1 für negativ), die nächsten 11
Bits den Exponenten und die letzten 52 Bits die Mantisse, was etwa

15 - 17 Dezimalstellen ergibt Ziffern der Genauigkeit. Javas doppelt reserviertes Wort identifiziert den Gleitkomma-Typ mit doppelter Genauigkeit im Quellcode.

Referenztypen

Ein Referenztyp ist ein Typ, aus dem Objekte erstellt oder referenziert werden, wobei ein Verweis eine Art Zeiger auf das Objekt ist. (Eine Referenz könnte eine tatsächliche Speicheradresse, ein Index in eine Tabelle mit Speicheradressen oder etwas anderes sein.) Referenztypen werden auch als benutzerdefinierte Typen bezeichnet, da sie normalerweise von Sprachbenutzern erstellt werden.

Java-Entwickler verwenden die Klassenfunktion, um Referenztypen zu erstellen. Eine Klasse ist entweder ein Platzhalter für die main () oder verschiedene statische Methoden oder sie ist eine Vorlage für Fertigungsobjekte, siehe hier:

```
class Cat

{

String name; // String is a special reference type for describing strings

Cat(String catName)

{

name = catName;

}

String name()

{
```

```
return name;

}

}
```

Mit der Schnittstellenfunktion können Sie auf ein Objekt verweisen, ohne sich um den Klassentyp des Objekts zu kümmern. Solange die Klasse des Objekts die Schnittstelle implementiert, wird das Objekt auch als Mitglied des Schnittstellentyps betrachtet. Betrachten Sie das folgende Beispiel, das eine Shape-Schnittstelle zusammen mit den Klassen Circle und Rectangle deklariert:

```
interface Shape

{

void draw();

}

class Circle implements Shape

{

void draw()

{

System.out.println(„I am a circle.");

}

}

class Rectangle implements Shape
```

```
{

void draw()

{

System.out.println(„I am a rectangle.");

}

}
```

Das nächste Code-Snippet instanziiert Circle und Rectangle, weist ihre Referenzen Shape-Variablen zu und fordert sie auf, selbst zu zeichnen:

```
Shape shape = new circle();

shape.draw(); // Output: I am a circle.

shape = new Rectangle();

shape.draw(); // Output: I am a rectangle.
```

Sie können Interfaces verwenden, um Gemeinsamkeiten aus einer Reihe ansonsten unterschiedlicher Klassen zu abstrahieren. Als Beispiel würde eine Inventory-Schnittstelle Gemeinsamkeiten aus Goldfish-, Car- und Hammer-Klassen extrahieren, da jedes dieser Elemente inventarisiert werden kann. Schnittstellen bieten eine beträchtliche Leistung, wenn sie mit Arrays und Schleifen kombiniert werden, über die Sie später in dieser Serie lernen werden.

Syntaktischer Zucker in String

Der String-Typ, der eine Zeichenkette beschreibt, steht als einziger Java-Typ für spezielle Sprachunterstützung zur Verfügung. Stellen Sie sich beispielsweise vor, wie Sie ein String-Objekt erstellen würden, das die Java-Zeichenfolge enthält, und weisen Sie dann dessen Verweis einer Variablensprache zu. Wenn String wie andere Typen wäre, müssten Sie String language = new String („Java") ;; Da String jedoch speziell ist, können Sie stattdessen Folgendes angeben: String language = „Java" ;.

Dies ist ein Beispiel für syntaktischen Zucker - eine strukturelle Regel, die die Sprache „versüßt". String-Verkettung profitiert auch von syntaktischem Zucker. Zum Beispiel, anstatt Sprache = Sprache.concat („Regeln!") Zu spezifizieren; Um Java-Regeln zu erzeugen, können Sie Sprache = Sprache + „Regeln!"; oder noch kürzer: Sprache + = „Regeln!" ;.

Array-Typen

Array ist der Letzte unserer drei Typen. Ein Array-Typ ist ein spezieller Referenztyp, der ein Array bezeichnet, bei dem es sich um einen Speicherbereich handelt, der Werte in Slots speichert, die die gleiche Größe haben und (typischerweise) zusammenhängend sind. Diese Werte werden üblicherweise als Elemente bezeichnet. Der Array-Typ besteht aus dem Elementtyp (ein primitiver Typ oder ein Referenztyp) und einem oder mehreren Paaren eckiger Klammern, die die Anzahl der vom Array belegten Dimensionen (Extents) angeben. Ein einzelnes Klammerpaar bezeichnet ein eindimensionales Array (einen Vektor); zwei Klammerpaare bedeuten ein zweidimensionales Array (eine Tabelle); drei Klammerpaare bedeuten ein eindimensionales Array von zweidimensionalen Arrays (ein Vektor von Tabellen); und so weiter. Zum Beispiel bedeutet int [] ein eindimensionales Array (mit int als Elementtyp) und String [] [] ein zweidimensionales Array (mit String als Elementtyp).

Der Fehlertyp

Zusätzlich zu primitiven Typen, Referenztypen und Array-Typen unterstützt Java den void-Typ, der durch das reservierte Wort void repräsentiert wird. Der void-Typ wird in einem Methodenkopfkontext verwendet, der angibt, dass die Methode keinen Wert zurückgibt. Beispielsweise gibt der Header public static void main (String [] args) void als Rückgabetyp an, da die Methode main () niemals einen Wert an den Aufrufer zurückgibt (obwohl Sie einen Integer-Exitcode über eine System.exit (Ganzzahl) zurückgeben können); (Methodenaufruf).

Literale: Werte in Ihrem Java-Code angeben

Java stellt die Literalsprachenfunktion zum Einbetten von Werten in den Quellcode bereit. Ein Literal ist die Zeichendarstellung eines Werts. Jeder primitive Typ ist seinem eigenen Satz von Literalen zugeordnet:

Der Boolean Primitivtyp ist den Literalen wahr oder falsch zugeordnet.

Der Zeichenprimitivtyp ist mit Zeichenliteralen verknüpft, die oft aus einzelnen Werten bestehen, die zwischen einfachen Anführungszeichen stehen, wie im Großbuchstaben A (‚A'). Alternativ können Sie eine Escape-Sequenz oder eine Unicode-Escape-Sequenz angeben. Betrachte jede Option:

Eine Escape-Sequenz ist eine Repräsentation für ein Zeichen, das nicht wörtlich in einem Zeichenliteral oder einem Zeichenfolgenliteral ausgedrückt werden kann. Eine Escape-Sequenz beginnt mit einem umgekehrten Schrägstrich (), gefolgt von einem von , ,, ,,, b, f, n, r oder t. Sie müssen immer einen Backslash erhalten, der wörtlich ausgedrückt werden soll, um den Compiler darüber zu informieren Es wird keine Escape-Sequenz eingeführt, sondern es muss immer ein einzelnes, in einem Zeichenliteral angegebenes Zitat ausgelassen werden, um den Compiler darüber zu informieren, dass das einfache Anführungszeichen das Zeichenliteral nicht beendet. Ein Zeichenfolgenliteral, das den Compiler darüber informiert, dass das doppelte Anführungszeichen das Zeichenfolgenliteral nicht beendet. Die anderen Escape-Sequenzen sind für Zeichen ohne symbolische Darstellung: b steht für eine Rücktaste, f für einen Formularvorschub, n für eine neue Vorlage. line, r stellt einen Wagenrücklauf dar und t stellt eine horizontale Registerkarte dar. Escape-Sequenzen erscheinen zwischen einfachen Anführungszeichen in einem Zeichenliteralkontext (z. B. , n').

Eine Unicode-Escapesequenz ist eine Repräsentation für ein beliebiges Unicode-Zeichen. Es besteht aus einem Präfix gefolgt von vier hexadezimalen Ziffern. Zum Beispiel repräsentiert u0041 den Großbuchstaben A und u3043 einen Hiragana-Buchstaben. Unicode-Escape-Sequenzen werden zwischen einfachen Anführungszeichen in einem Zeichenliteralkontext angezeigt (z. B. , u3043').

Die Integer-Typen sind Literalen zugeordnet, die aus Ziffernfolgen mit optional eingebetteten Unterstrichen bestehen. Standardmäßig wird einem Integer-Literal der Ganzzahlentyp (int) zugewiesen. Sie müssen das Literal mit dem Großbuchstaben L (oder dem Kleinbuchstaben l, der mit Ziffer 1 verwechselt werden könnte) versehen, um einen langen Ganzzahlwert darzustellen. Ganzzahlliterale können in binären, dezimalen, hexadezimalen und oktalen Formaten angegeben werden:

Binär besteht aus den Zahlen Null und Eins und hat das Präfix 0b oder 0B. Beispiel: 0b01111010.

Dezimal besteht aus den Zahlen Null bis Neun und hat kein Präfix. Beispiel: 2200.

Hexadezimal besteht aus den Zahlen Null bis Neun, Kleinbuchstaben a bis f und Großbuchstaben A bis F. Dieses Literal hat das Präfix 0x oder 0X. Beispiel: 0xAF.

Oktal besteht aus den Zahlen Null bis Sieben und hat das Präfix 0. Beispiel: 077.

Um die Lesbarkeit zu verbessern, können Sie Unterstriche zwischen den Ziffern einfügen. Zum Beispiel 1234_5678_9012_3456L. Sie können keinen führenden Unterstrich wie in _1234 angeben, da der Compiler annehmen würde, dass ein Bezeichner angegeben wurde. Sie können auch keinen abschließenden Unterstrich angeben.

Die Fließkommatypen sind Literalen zugeordnet, die aus einem nicht gebrochenen Teil, einem Dezimalpunkt, einem Bruchteil, einem optionalen Exponenten und einem optionalen Gleitkomma-Buchstaben D oder d mit doppelter Genauigkeit oder einem Gleitkomma-Buchstaben bestehen F oder f. Beispiele für Gleitkommaliterale sind 2.7818, 0.8D, -57.2E + 31 und 3.14159f. Wenn weder D, d, F noch f vorhanden sind, verwendet der Typ standardmäßig Gleitkommazahl mit doppelter Genauigkeit. Wenn D oder d vorhanden ist, ist der Typ auch Gleitkommazahl mit doppelter Genauigkeit. Wenn jedoch F oder f angegeben ist, ist der Typ Gleitkomma.

Bei Fließkommatypen können Sie Unterstriche zwischen den Ziffern einfügen. Zum Beispiel 1.234_567e + 56. Sie können einen führenden Unterstrich (z. B. _1.234) nicht angeben, da der Compiler annehmen würde, dass ein Bezeichner angegeben wurde. Sie können auch keinen abschließenden Unterstrich (z. B. 1.5_), einen Unterstrich auf beiden Seiten des Dezimalpunkts (z. B. 2_.3 oder 2._3), einen Unterstrich vor oder nach dem e- oder E-Zeichen angeben, wenn ein Exponent vorhanden ist (z. B. 1.2_e3 oder 1.2E_3) und einen Unterstrich auf jeder Seite eines + oder - Zeichens, das auf e oder E folgt (z. B. 2.8e_ + 2 oder 3.1E-_5).

Referenztypen

Jeder Referenztyp ist einem speziellen Nullliteral zugeordnet, um keine Referenz anzugeben. Der String-Referenztyp ist einer Gruppe von String-Literalen zugeordnet. Diese beginnen mit einem doppelten Zitat; Weiter mit Literalzeichen, Escape-Sequenzen und Unicode-

Escape-Sequenzen; und enden mit einem doppelten Zitat. Hier ist ein Beispiel: „Hallo, „ Java „“.

Variablen: Speichern von Werten in Ihrem Java-Code

Anwendungen manipulieren Werte, die im Speicher gespeichert sind. Das Java-Variablen-Feature repräsentiert symbolisch den Speicher im Quellcode. Eine Variable ist ein benannter Speicherort, der einen Wert eines Typs speichert. Bei einem primitiven Typ wird der Wert direkt in der Variablen gespeichert. Bei einer Referenztypvariablen wird eine Referenz in der Variablen gespeichert und das Objekt, auf das sich die Referenz bezieht, wird an anderer Stelle gespeichert. Variablen, die Referenzen speichern, werden oft als Referenzvariablen bezeichnet.

Sie müssen eine Variable deklarieren, bevor sie verwendet wird. Eine Variablendeklaration besteht minimal aus einem Typnamen, optional gefolgt von einer Folge von eckigen Klammerpaaren, gefolgt von einem Namen, optional gefolgt von einer Folge von eckigen Klammernpaaren und einem Semikolon (;). Betrachten Sie die folgenden Beispiele:

int age; // Declare integer variable age.

float interest_rate; // Declare floating-point variable interest_rate.

String name; // Declare String variable name.

Car car; // Declare Car variable car.

char[] text; // Declare one-dimensional character array variable text.

double[][] temps; // Declare two-dimensional floating-point array variable temps.

Die obigen Variablen müssen vor ihrer Verwendung initialisiert werden. Sie können eine Variable als Teil ihrer Deklaration initialisieren:

int age = 25;

float interest_rate = 4.0F;

String name = „Java";

Car car = new Car();

char[] text = { ,J', ,a', ,v', ,a' };

double[][] temps = { { 25.0, 96.2, -32.5 }, { 0.0, 212.0, -41.0 }};

Für jede Initialisierung ist = erforderlich, gefolgt von einem Literal, einem Objekterstellungsausdruck, der mit new beginnt, oder einem Arrayinitialisierer (nur für Arraytypen). Der Array-Initialisierer besteht aus einer durch Trennzeichen getrennten und durch Kommas getrennten Liste von Literalen und (bei mehrdimensionalen Arrays) aus verschachtelten Array-Initialisierern.

Beachten Sie, dass das Textbeispiel ein eindimensionales Array von Zeichen aus vier Elementen erstellt. Das temps-Beispiel erstellt ein zweizeiliges zweidimensionales Array von Gleitkommawerten mit doppelter Genauigkeit. Der Array-Initialisierer gibt zwei Zeilenarrays an, wobei jedes Zeilenarray drei Spaltenwerte enthält.

Alternativ können Sie eine Variable nach ihrer Deklaration initialisieren, indem Sie den Typ wie folgt auslassen:

age = 25;

interest_rate = 4.0F;

name = „Java";

car = new Car();

text = { ‚J‘, ‚a‘, ‚v‘, ‚a‘ };

temps = { { 25.0, 96.2, -32.5 }, { 0.0, 212.0, -41.0 }};

Zugriff auf den Wert einer Variablen

Um auf den Wert einer Variablen zuzugreifen, geben Sie den Namen der Variablen an (für primitive Typen und String), deaktivieren Sie das Objekt und greifen Sie auf ein Element zu oder verwenden Sie eine Array-Index-Notation, um das Element zu identifizieren, auf dessen Wert zugegriffen werden soll:

System.out.println(age); // Output: 25

System.out.println(interest_rate); // Output: 4.0

System.out.println(name); // Output: Java

System.out.println(cat.name()); // Output: Garfield

System.out.println(text[0]); // Output: J

System.out.println(temps[0][1]); // Output: 96.2

Um ein Objekt zu deaktivieren, müssen Sie ein Periodenzeichen zwischen die Referenzvariable (cat) und das Member (name ()) setzen. In diesem Fall wird die name () -Methode aufgerufen und ihr Rückgabewert ausgegeben.

Für den Arrayzugriff muss ein nullbasierter Integer-Index für jede Dimension angegeben werden. Für Text wird nur ein einzelner Index benötigt: 0 identifiziert das erste Element in diesem eindimensionalen Array. Für temps sind zwei Indizes erforderlich: 0 identifiziert die erste Zeile und 1 identifiziert die zweite Spalte in der ersten Zeile in diesem zweidimensionalen Array.

Sie können mehrere Variablen in einer Deklaration deklarieren, indem Sie jede Variable von ihrem Vorgänger mit einem Komma trennen, wie im folgenden Beispiel gezeigt:

int a, b[], c;

In diesem Beispiel werden drei Variablen mit den Namen a, b und c deklariert. Jede Variable hat den gleichen Typ, der ganzzahlig ist. Anders als a und c, die jeweils einen ganzzahligen Wert speichern, bezeichnet b [] ein eindimensionales Array, in dem jedes Element eine Ganzzahl speichert. Zu b ist noch kein Array zugeordnet.

Beachten Sie, dass die eckigen Klammern nach dem Variablennamen angezeigt werden müssen, wenn das Array in derselben Deklaration wie die anderen Variablen deklariert wird. Wenn Sie die eckigen Klammern vor dem Variablennamen platzieren, wie in int a, [] b, c;, meldet der Compiler einen Fehler. Wenn Sie die eckigen Klammern nach dem Typnamen setzen, wie in int [] a, b, c;, so bezeichnen alle drei Variablen eindimensionale Ganzzahlen.

Wohin gehen eckige Klammern?

Eckige Klammern können nach dem Typnamen oder nach dem Variablennamen erscheinen, aber normalerweise nicht an beiden Stellen. Zum Beispiel könnten Sie int [] x; oder int x [] ;. Es ist jedoch üblich, die eckigen Klammern nach dem Namen des Elementtyps (z. B. int) anzuordnen. Wenn Sie int [] x []; angeben würden, müssten Sie eine zweidimensionale Array-Variable deklarieren, als ob Sie int [] [] x;

Experimentieren mit Java Unicode-Unterstützung

Java-Programmlisten werden normalerweise in Dateien gespeichert, in denen sie entsprechend der Zeichencodierung der nativen Plattform codiert sind. Zum Beispiel verwendet meine Windows 7-Plattform Cp1252 als Zeichencodierung. Wenn die JVM gestartet wird, z. B. wenn Sie den Java-basierten Java-Compiler über das Java-Tool starten, versucht sie, diese Codierung zu erhalten. Wenn die JVM sie nicht erhalten kann, wählt die JVM UTF-8 als Standardzeichencodierung.

Cp1252 unterstützt nicht viele Zeichen über den herkömmlichen ASCII-Zeichensatz hinaus, was zu Problemen führen kann. Wenn Sie beispielsweise versuchen, den Editor für Windows-Notepad zu verwenden, um Listing 1 zu speichern, wird sich der Editor beschweren, dass Zeichen im Unicode-Format verloren gehen.

```
class PrintPi

{

public static void main(String[] args)

{

double π = 3.14159;

System.out.println(π);

}

}
```

Das Problem ist, dass die obige Quelle den griechischen Buchstaben Pi (π) als Variablennamen enthält, was den Editor zum Bücken bringt. Glücklicherweise können wir dieses Problem lösen.

Versuchen Sie zunächst, Listing 1 in einer Datei mit dem Namen PrintPi.java zu speichern: Geben Sie PrintPi.java aus dem Dialogfeld „Speichern unter" als Name der Datei ein und wählen Sie Unicode, das UTF-16 entspricht (Little-Endian-Reihenfolge) -down Liste der Codierungsoptionen. Dann drücke die Schaltfläche „Speichern".

Versuchen Sie als Nächstes, PrintPi.java wie folgt zu kompilieren:

javac PrintPi.java

Als Antwort erhalten Sie viele Fehlermeldungen, da der Inhalt der Textdatei als UTF-16 codiert wurde, aber javac geht davon aus (auf meiner Plattform), dass der Inhalt als Cp1252 codiert wurde. Um dieses Problem zu beheben, müssen wir javac mitteilen, dass der Inhalt als UTF-16 codiert wurde. Dazu übergeben Sie die Unicode-Unicode-Option an dieses Programm wie folgt:

javac -encoding Unicode PrintPi.java

Dieses Mal kompiliert der Code ohne Fehler. Wenn Sie PrintPi.class über Java PrintPi ausführen, beobachten Sie die folgende Ausgabe:

3.14159

Sie können auch Symbole aus anderen Alphabeten einbetten, indem Sie ihre Unicode-Escape-Sequenzen ohne die umgebenden Anführungszeichen angeben. Auf diese Weise müssen Sie beim Speichern einer Auflistung oder beim Kompilieren des gespeicherten Texts keine Codierung angeben, da der Text gemäß der Codierung der nativen Plattform codiert wurde (z. B. Cp1252). Beispiel: In Listing 2 wird π durch die Unicode-Escape-Sequenz u03c0 für dieses Symbol ersetzt.

class PrintPi

{

```
public static void main(String[] args)

{

double u03c0 = 3.14159;

System.out.println(u03c0);

}

}
```

Kompilieren Sie den Quellcode ohne die Unicode-Option -encoding (javac PrintPi.java) - die gleiche Klassendatei wird generiert - und führen Sie die Anwendung wie zuvor (java PrintPi). Sie werden die identische Ausgabe beobachten.

Java-Anwendungen verarbeiten Daten durch Auswertung von Ausdrücken, bei denen es sich um Kombinationen von Literalen, Methodenaufrufen, Variablennamen und Operatoren handelt. Die Auswertung von Ausdrücken erzeugt in der Regel einen neuen Wert, der in einer Variablen gespeichert werden kann, um eine Entscheidung zu treffen, und so weiter. Viele Ausdrücke umfassen Operatoren, einschließlich additive, Array-Index-, bitweise, bedingte und Gleichheitstypen.

Einfache Ausdrücke auswerten

Ein einfacher Ausdruck ist ein Literal, Variablenname oder Methodenaufruf. Es sind keine Operatoren beteiligt. Hier sind einige Beispiele für einfache Ausdrücke:

```
52 // integer literal

age // variable name
```

System.out.println(„ABC"); // method call

„Java" // string literal

98.6D // double precision floating-point literal

89L // long integer literal

Ein einfacher Ausdruck hat einen Typ, der entweder ein primitiver Typ oder ein Referenztyp ist. In diesen Beispielen ist 52 eine Ganzzahl (int), System.out.println („ABC"); ist void (void), weil es keinen Wert zurückgibt, „Java" ist eine Zeichenfolge (String), 98.6D ist ein Gleit-kommawert doppelter Genauigkeit (double) und 89L ist eine lange Ganzzahl (long). Wir kennen den Typ des Alters nicht.

Zusammengesetzte Ausdrücke mit Operatoren auswerten

Ein zusammengesetzter Ausdruck besteht aus einem oder mehreren einfachen Ausdrücken, die in einen größeren Ausdruck über einen Operator integriert sind, der eine Folge von Anweisungen darstellt, die im Quellcode symbolisch dargestellt sind. Der Operator transfor-miert seine Ausdrucksoperanden in einen anderen Wert. Zum Beispiel transformiert der Multiplikationsoperator (*) in 6 * 5 die Operanden 6 und 5 in 30.

Zusammengesetzte Ausdrücke können zu größeren Ausdrücken kom-biniert werden. Zum Beispiel zeigt 6 * 5 + 10 den zusammengesetzten Ausdruck 6 * 5 und einen zusammengesetzten Ausdruck, der aus ih-rem Produkt, dem Additionsoperator + und 10 besteht. Die Reihenfol-ge ihrer Auswertung (zuerst multiplizieren und dann addieren) wird durch die Java-Vorrangregeln bestimmt.

Zusammengesetzte Ausdrücke können auch einfache Ausdrücke sein.

Obwohl 6 * 5 ein zusammengesetzter Ausdruck ist, bei dem 6 und 5 einfache Ausdrücke sind, ist 6 * 5 auch ein einfacher Ausdruck aus der Perspektive von +, die nur ihr Produkt (30) sieht - ein einfacher Ausdruck.

Java-Operatoren werden nach ihrer Anzahl von Operanden klassifiziert. Operatoren mit einem Operanden (z. B. unary minus [-], wie in -5) sind unäre Operatoren. Operatoren mit zwei Operanden (z. B. Multiplikation und Addition) sind binäre Operatoren. Schließlich sind Operatoren mit drei Operanden (z. B. bedingt [?:]) ternäre Operatoren.

Javas Operatoren werden auch nach Position klassifiziert. Ein Präfixoperator ist ein unärer Operator, der seinem Operanden vorausgeht (z. B. -5), ein Postfixoperator ist ein unärer Operator, der seinem Operanden folgt (z. B. age ++; - addiert 1 zum numerischen Wert des Alters), und ein Infixoperator ist a binärer oder ternärer Operator zwischen den Operanden des Operators (z. B. Alter + 5).

Zusatzoperatoren

Die additiven Operatoren erhöhen oder verringern einen numerischen Wert durch Addition und Subtraktion. Zu den additiven Operatoren gehören Addition (+), Subtraktion (-), Postdecrement (-), Postincrement (++), Vordekret (-) und Präinkrement (++). String-Verkettung (+) wird ebenfalls als additiv betrachtet. Hier ist eine formale Definition für jeden dieser Operatoren:

Zusatz: Gegeben operand1 + operand2, wobei jeder Operand vom Zeichentyp oder numerisch sein muss, addieren Sie operand2 zu operand1 und geben Sie die Summe zurück. Beispiel: 4 + 6

Subtraktion: Gegeben sei operand1 - operand2, wobei jeder Operand vom Zeichen- oder numerischen Typ sein muss, subtrahiere operand2 von operand1 und gebe die Differenz zurück. Beispiel: 4 - 6

Postdecrement: Gegeben Variable -, wobei die Variable vom Zeichentyp oder numerisch sein muss, subtrahiere 1 vom Wert der Variablen (speichert das Ergebnis in der Variablen) und gibt den ursprünglichen Wert zurück. Beispiel: x--;

Postincrement: Gegebene Variable ++, wobei die Variable vom Zeichentyp oder numerisch sein muss, addiert 1 zum Variablenwert (speichert das Ergebnis in der Variablen) und gibt den ursprünglichen Wert zurück. Beispiel: x ++;

Predecrement: Gegeben - Variable, wobei die Variable vom Zeichentyp oder numerisch sein muss, von ihrem Wert 1 subtrahieren, das Ergebnis in der Variablen speichern und den neuen dekrementierten Wert zurückgeben. Beispiel: --x;

Preincrement: Gegebene ++ Variable, wobei die Variable vom Zeichentyp oder numerisch sein muss, addiere 1 zu ihrem Wert, speichere das Ergebnis in der Variablen und gebe den neuen inkrementierten Wert zurück. Beispiel: ++ x;

String-Verkettung: Gegeben sei operand1 + operand2, wobei mindestens ein Operand vom String-Typ ist, hängt die String-Repräsentation von operand2 an die String-Repräsentation von operand1 an und gibt das Ergebnis zurück. Beispiel: „A" + „B"

Überladene Operatoren

Der Operator „+" (+) ist ein Beispiel für einen überladenen Operator, bei dem es sich um einen Operator handelt, der eine von mehreren Operationen basierend auf den Typen seiner Operanden ausführt. Dieser Operator führt eine Ganzzahladdition durch, wenn beide Operanden Ganzzahlen sind, eine Gleitkommaaddition, wenn beide Operanden Gleitkommawerte sind, und eine String-Verkettung, wenn beide Operanden Strings sind. Der - Operator ist ebenfalls überladen und führt Integer- oder Gleitkomma-Subtraktion aus.

Die Additions-, Subtraktions-, Postdecrement-, Postincrement-, und Vorinkrementierungsoperatoren können Werte erzeugen, die die Grenzen des Ergebnistyps überschreiten. Zum Beispiel kann das Hinzufügen von zwei großen positiven 64-Bit-Ganzzahlwerten einen Wert erzeugen, der nicht in 64 Bits dargestellt werden kann. Der resultierende Überlauf wird von den additiven Java-Operatoren nicht erkannt oder gemeldet.

Unterstützung der Standardklassenbibliothek für die Überlauferkennung:

Die Math-Klasse der Standardklassenbibliothek enthält Methoden zum Erkennen von Überläufen. Beispiel: int addExact (int x, int y) addiert die Werte in x und y, gibt die Summe zurück oder löst beim Überlauf eine Ausnahme aus.

class AddOp

{

public static void main(String[] args)

{

System.out.println(125 + 463);

System.out.println(2.0 - 6.3);

int age = 65;

System.out.println(age);

System.out.println(age--);

System.out.println(age++);

```
System.out.println(--age);

System.out.println(++age);

System.out.println(„A" + „B");

}

}
```

Im vorherigen Artikel haben wir das Javac-Tool des JDK verwendet, um Java-Quellcode und das Java-Tool zum Ausführen der resultierenden Anwendung zu kompilieren.

Führen Sie den folgenden Befehl aus, um Listing 1 zu kompilieren:

javac AddOp.java

Bei erfolgreicher Kompilierung sollten Sie eine AddOp.class-Datei im aktuellen Verzeichnis beobachten. Führen Sie den folgenden Befehl aus, um es auszuführen:

java AddOp

AddOp reagiert mit der folgenden Ausgabe:

588

-4.3

65

65

64

64

65

AB

Die Ausgabe gibt einen Einblick in die Operatoren postincrement, postdecrement, preincrement und predecrement. Für Postinkrement / Postdekrement wird der aktuelle Wert des Alters vor der Inkrementierungs- / Dekrementierungsoperation ausgegeben. Für die Vorinkrementierung wird die Operation ausgeführt, und ihr Ergebnis wird im Alter gespeichert, und dann wird der neue Wert des Alters ausgegeben.

Postinkrement-, Postdekrement-, Präinkrementierungs- und Prädekrementoperatoren:

Die Operatoren postincrement, postdecrement, preincrement und predecrement sind besonders nützlich im Kontext einer Iterationsanweisung, wo sie verwendet werden, um zur nächsten Iteration überzugehen.

Array-Indexoperator

Der Array-Indexoperator ([]) greift auf ein Array-Element zu, indem er den Index des Elements (Position) bereitstellt. Dieser Operator steht hinter dem Namen der Array-Variablen, wie in den Noten [0] (Zugriff auf das erste Element im Array, das den Noten zugewiesen ist; das erste Element wird im Index 0 gespeichert). Dieser Operator ist im Folgenden formal definiert:

Gegebene Variable [Index], wobei der Index vom Typ Ganzzahl (int) sein muss, liest einen Wert von oder speichert einen Wert im Speicherelement der Variable am Standortindex.

Beispiel: Temperaturen [1]

Der an den Index übergebene Wert ist eine 32-Bit-Ganzzahl, die entweder 0 oder ein positiver Wert ist, der um eins kleiner ist als die Länge des Arrays, was durch Anhängen von .length an den Namen des Arrays angezeigt wird. Zum Beispiel gibt grades.length die Anzahl der Elemente im Array zurück, die den Noten zugewiesen sind.

Array-Variablen im Vergleich zu Arrays

Grade ist kein Array, sondern eine Variable, die einen Verweis auf eine Speicherregion enthält, die das Array bildet. Dies gilt für alle Java-Arrays. Es ist jedoch üblich, auf Klassen oder eine beliebige Array-Variable als ein Array Bezug zu nehmen.

Listing 2 zeigt den Quellcode einer ArrayIndexOp-Anwendung.

```
class ArrayIndexOp

{

public static void main(String[] args)

{

int[] grades = { 89, 90, 68, 73, 79 };

System.out.println(grades[1]);

grades[1] = 91;

System.out.println(grades[1]);

int index = 4;

System.out.println(grades[index]);

System.out.println(grades[,C' - ,A']);
```

// System.out.println(grades[1D]);

}

}

Listing 2 ist etwas interessanter als Listing 1. Nach dem Erstellen eines fünfteiligen, eindimensionalen Arrays von Ganzzahlen (über einen Array-Initialisierer) und dem Zuordnen der Referenz des Arrays zu Noten, greift main () auf verschiedene Elemente zu. Es gibt zwei Dinge von Interesse:

Der Index des Array-Indexoperators muss letztlich eine 32-Bit-Ganzzahl (0 oder ein positiver Wert) sein. Sie können den Namen einer Ganzzahlvariablen (z. B. Index), die den Indexwert enthält, als Index angeben.

Sie können eine Berechnung mit Zeichenliteralen angeben. Wenn ich später in diesem Artikel über Typumwandlungen diskutiere, werden Sie entdecken, warum ‚C' - ‚A' eine Ganzzahl (2) erzeugt, die als gültiger Index dient.

Das letzte Beispiel, das 1D als Index an den Array-Index-Operator übergibt, ist auskommentiert, weil es nicht kompiliert wird. Wenn Sie die Zeile auskommentieren und versuchen, Listing 2 zu kompilieren, erhalten Sie eine Fehlermeldung über inkompatible Typen: „mögliche verlustreiche Konvertierung von Double in Int."

Kompilieren Sie Listing 2 (javac ArrayIndexOp.java) und führen Sie die Anwendung (java ArrayIndexOp) aus. Sie sollten folgende Ausgabe beachten:

90

91

79

68

Der Array-Indexoperator und mehrdimensionale Arrays

Sie können diesen Operator mit mehrdimensionalen Arrays verwenden. Unter der Annahme eines zweidimensionalen Kostenfeldes greift beispielsweise die Kosten [0] [1] auf das Element zu, das der ersten Zeile (über [0]) und der zweiten Spalte (über [1]) zugeordnet ist.

Zuweisungsoperatoren

Der Zuweisungsoperator (=) weist den Wert eines Ausdrucks einer Variablen zu (z. B. i = 6;), einschließlich eines Array-Elements (z. B. x [0] = 15;). Der Ausdruck und die Variable müssen zuweisungskompatibel sein: ihre Typen müssen übereinstimmen. Beispielsweise können Sie einer Ganzzahlvariablen kein Zeichenfolgenliteral zuweisen. Ich werde mehr zu diesem Thema zu sagen haben, wenn ich über Typkonvertierungen spreche.

Die zusammengesetzten Zuweisungsoperatoren (+ =, - =, * =, / =,% =, & =, | =, ^ =, < =, >> =, >>> =) werten Ausdrücke aus und weisen die Ergebnisse Variablen zu, in einem Schritt. Jeder Ausdruck und jede Variable muss zuweisungskompatibel sein. Jeder Operator dient als nützliche Abkürzung. Anstatt beispielsweise x = x + 3; anzugeben, können Sie das kürzere und äquivalente x + = 3; angeben.

Halte es kurz!

Anstatt x = x + 1 zu spezifizieren; oder x = x - 1; können Sie das kürzere x + = 1 angeben; oder x - = 1 ;. Sie können jedoch noch mehr Tastenanschläge speichern, indem Sie das kürzere x ++ angeben. oder x-- ;.

45

Bitweise Operatoren

Die bitweisen Operatoren modifizieren die Binärwerte ihrer Operanden, die eine ganze Zahl (Byte, kurz, int oder lang) oder einen Zeichentyp haben müssen. Diese Operatoren umfassen bitweises UND (&), bitweises Komplement (~), bitweise exklusives ODER (^) und bitweise einschließendes ODER (|); und sind im Folgenden formell definiert:

Bitweises AND: Gegeben operand1 & operand2, wobei jeder Operand ein Zeichen oder ein Integer-Typ sein muss, bitweise UND ihre entsprechenden Bits und gibt das Ergebnis zurück. Ein Ergebnisbit wird auf 1 gesetzt, wenn das entsprechende Bit eines Operanden 1 ist. Andernfalls wird das Ergebnisbit auf 0 gesetzt. Beispiel: 1 & 0

Bitweises Komplement: Ein gegebener ~ Operand, bei dem der Operand ein Zeichen oder ein Integer sein muss, gibt die Operandenbits (1s zu 0s und 0s zu 1s) zurück und gibt das Ergebnis zurück. Beispiel: ~ 1

Bitweise exklusives ODER: Gegeben ist operand1 ^ operand2, wobei jeder Operand ein Zeichen oder ein Integer-Typ sein muss, bitweise Exklusiv-ODER die entsprechenden Bits und das Ergebnis zurückgeben. Ein Ergebnisbit wird auf 1 gesetzt, wenn das entsprechende Bit eines Operanden 1 ist und das entsprechende Bit des anderen Operanden 0 ist. Andernfalls wird das Ergebnisbit auf 0 gesetzt. Beispiel: 1 ^ 0

Bitweise inklusive ODER: gegebener operand1 | operand2, die vom Zeichen- oder Integer-Typ sein müssen, bitweise einschließlich OR ihre entsprechenden Bits und das Ergebnis zurückgeben. Ein Ergebnisbit wird auf 1 gesetzt, wenn eines (oder beide) der entsprechenden Bits der Operanden 1 ist. Andernfalls wird das Ergebnisbit auf 0 gesetzt. Beispiel: 1 | 0

Listing 3 zeigt den Quellcode einer BitwiseOp-Anwendung, mit der Sie mit den bitweisen Operatoren spielen können.

Listing 3. BitwiseOp.java

```
class BitwiseOp

{

public static void main(String[] args)

{

short x = 0B0011010101110010;

short y = 0B0110101011101011;

System.out.println(x & y);

System.out.println(~x);

System.out.println(x ^ y);

System.out.println(x | y);

}

}
```

Die main () -Methode von Listing 3 initialisiert ein Paar kurzer Integer-Variablen und verwendet anschließend die bitweisen Operatoren, um neue Werte zu erzeugen, indem sie mit ihren Bits arbeiten; diese Werte werden dann ausgegeben.

Kompilieren Sie Listing 3 (javac BitwiseOp.java) und führen Sie die Anwendung aus (java BitwiseOp). Sie sollten folgende Ausgabe beachten:

8290

-13683

24473

32763

Da es schwierig ist, die Auswirkungen jedes Operators auf seine Operanden zu sehen, stellt man das binäre Äquivalent der vorherigen Operatoren dar - Sie verstehen, warum jede Binärzahl 32 Bit lang ist, anstatt 16, wenn man die Typkonvertierungen diskutiert:

00000000000000000010000001100010

11111111111111111100101010001101

00000000000000000101111110011001

00000000000000000111111111111011

Cast-Operator

Der Cast-Operator - (type) - versucht, den Typ seines Operanden in type zu konvertieren. Sie können von einem primitiven Typ in einen anderen primitiven Typ oder von einem Referenztyp in einen anderen Referenztyp konvertieren, jedoch nicht vom primitiven Typ zum Referenztyp oder umgekehrt.

Um beispielsweise den Gleitkommawert mit doppelter Genauigkeit 1.0 in sein 32-Bit-Ganzzahläquivalent zu konvertieren, geben Sie (int) 1.0 an. Um den Kreis (of type circle) in die Obertypform zu konvertieren, geben Sie den Kreis (Shape) an. Wenn wir später in diesem

Artikel zu Typumwandlungen kommen, werden wir mehr über die Besetzung erfahren. Der Darsteller ist auch wichtig für die Vererbung, die ein Thema für einen anderen Tag ist.

Bedingte Operatoren

Die Bedingungsoperatoren werten bedingt boolesche Ausdrücke aus, bei denen es sich um Ausdrücke vom Typ Boolean handelt, die als wahr oder falsch ausgewertet werden. Diese Operatoren enthalten bedingte (? :), bedingte UND (&&) und bedingte ODER (||); und sind im Folgenden formell definiert:

Bedingt: Gegeben operand1 operand2: operand3, wobei operand1 vom booleschen Typ sein muss, return operand2, wenn operand1 wahr ist oder operand3, wenn operand1 false ist. Die Typen von operand2 und operand3 müssen übereinstimmen. Beispiel: boolean status = true; int statusInt = (Status)? 1: 0;

Bedingtes UND: Gegeben sei operand1 && operand2, wobei jeder Operand vom booleschen Typ sein muss, true zurück, wenn beide Operanden wahr sind. Andernfalls gebe false zurück. Wenn operand1 den Wert false hat, wird operand2 nicht ausgewertet, da der gesamte Ausdruck sowieso falsch ist. Dies wird als Kurzschluss bezeichnet. Beispiel: true && false

Bedingtes ODER: Gegeben operand1 || operand2, wobei jeder Operand vom booleschen Typ sein muss, gibt true zurück, wenn mindestens ein Operand wahr ist. Andernfalls gebe false zurück. Wenn operand1 wahr ist, wird operand2 nicht ausgewertet, weil der gesamte Ausdruck sowieso wahr ist. Dies wird als Kurzschluss bezeichnet. Beispiel: true || false

Listing 4 zeigt den Quellcode einer CondOp-Anwendung, mit der Sie mit den bedingten Operatoren spielen können.

Listing 4. CondOp.java

```
class CondOp
{
public static void main(String[] args)
{
boolean sold_more_than_100_units = true;
int bonus_dollars = (sold_more_than_100_units) ? 50 : 0;
System.out.println(bonus_dollars);
System.out.println(true && true);
System.out.println(true && false);
System.out.println(false && true);
System.out.println(false && false);
System.out.println(true || true);
System.out.println(true || false);
System.out.println(false || true);
System.out.println(false || false);
int x = 0;
boolean status = true && ++x == 0;
System.out.println(x);
```

```
status = false && ++x == 0;

System.out.println(x);

status = true || ++x == 0;

System.out.println(x);

status = false || ++x == 0;

System.out.println(x);

}

}
```

Wegen Kurzschlüssen, && und || werden nicht immer ihre richtigen Operanden auswerten. Obwohl Kurzschlüsse die Leistung etwas verbessern können, weil nur ein Ausdruck ausgewertet wird, kann er auch eine Fehlerquelle darstellen, wenn ein Nebeneffekt (Code, der als Nebenprodukt der Ausdrucksauswertung ausgeführt wird) beteiligt ist.

Listing 4 zeigt Nebenwirkungen, bei denen die Variable x vorinkrementiert wird. Preincrement tritt für Ausdrücke wahr && ++ x == 0 und falsch || auf ++ x == 0. Diese Variable wird jedoch für die Ausdrücke false && ++ x == 0 und true || nicht inkrementiert ++ x == 0, da die richtigen Operanden in diesen Kontexten nicht ausgewertet werden müssen.

Kompilieren Sie Listing 4 (javac CondOp.java) und führen Sie die Anwendung aus (java CondOp). Sie sollten folgende Ausgabe beachten:

50

true

false

false

false

true

true

true

false

1

1

1

2

Gleichheitsoperatoren

Die Gleichheitsoperatoren vergleichen ihre Operanden, um festzustellen, ob sie gleich oder ungleich sind. Diese Operatoren enthalten Gleichheit (==) und Ungleichheit (! =). Der frühere Operator gibt true zurück, wenn beide Operanden gleich sind; der letztere Operator gibt wahr zurück, wenn beide Operanden ungleich sind. Diese Operatoren sind im Folgenden formell definiert:

Gleichheit: Gegeben sei operand1 == operand2, wobei beide Operanden vergleichbar sein müssen (man kann z. B. keine Integer mit einem booleschen Wert vergleichen), vergleiche beide Operanden auf Gleichheit. Geben Sie true zurück, wenn diese Operanden gleich sind. Andernfalls gebe false zurück. Beispiel: ‚A' == ‚a'

Ungleichung: Vorgegeben operand1! = operand2, wobei beide Operanden vergleichbar sein müssen (z. B. können Sie einen Fließkommawert nicht mit einem String-Literal vergleichen),

vergleichen Sie beide Operanden auf Ungleichheit. Geben Sie true zurück, wenn diese Operanden nicht gleich sind. Andernfalls gebe false zurück. Beispiel: ‚A'! = ‚A'

Beim Vergleichen von Gleitkommawerten müssen Sie vorsichtig sein, da nicht alle Gleitkommawerte genau im Speicher dargestellt werden können. Zum Beispiel kann 0.1 nicht genau dargestellt werden. Aus diesem Grund geben einige Ausdrücke, die diese Operanden enthalten, false zurück, wenn Sie denken, dass sie wahr zurückgeben sollen.

Diese Operatoren können verwendet werden, um Grundwerte oder Objektreferenzen zu vergleichen. Sie können einen primitiven Wert jedoch nicht mit einer Objektreferenz vergleichen. Zum Beispiel könnten Sie zwei Mitarbeiterobjekte haben, deren Referenzen in e1 und e2 gespeichert sind. Ausdruck e1 == e2 gibt nur dann true zurück, wenn sich die Variablen e1 und e2 auf dasselbe Employee-Objekt beziehen.

String-Vergleich ist ein wenig ungewöhnlich. Sie können versuchen, zwei Zeichenfolgenliterale zu vergleichen, wie in „A" == „B". Da String-Literale jedoch wirklich String-Objekte sind, vergleichen sie wirklich Verweise auf diese Objekte und vergleichen ihre Zeichen nicht. Daher wird True nur zurückgegeben, wenn beide Operanden auf dasselbe String-Objekt verweisen.

Listing 5 zeigt den Quellcode einer EqualityOp-Anwendung, mit der Sie mit den Gleichheitsoperatoren spielen können.

Listing 5. EqualityOp.java

```
class EqualityOp
```

```
{

public static void main(String[] args)

{

int x = 0;

System.out.println(x == 0);

System.out.println(x != 0);

double d = 0.1 + 0.1 + 0.1 + 0.1 + 0.1 + 0.1 + 0.1 + 0.1 + 0.1;

System.out.println(d);

System.out.println(d == 0.9);

System.out.println("A" == "A");

System.out.println("A" == "B");

System.out.println("AB" == "A" + "B");

String s = "B";

System.out.println("AB" == "A" + s);

}

}
```

Kompilieren Sie Listing 5 (javac EqualityOp.java) und führen Sie die Anwendung aus (java EqualityOp). Sie sollten folgende Ausgabe beachten:

true

false

0.8999999999999999

false

true

false

true

false

Die ersten beiden Ausgangszeilen sind nicht überraschend, da x 0 enthält. Die nächsten zwei Ausgangszeilen zeigen, dass 0,1 nicht genau im Speicher gespeichert werden kann: Die Summierung von neun Instanzen von 0,1 ist nicht gleich neun. Aus diesem Grund ist es unklug, die Dauer einer Iteration über einen Gleichheitsausdruck mit Gleitkommawerten zu steuern. Ich werde im nächsten Artikel mehr dazu sagen.

Die verbleibenden Ausgabezeilen beweisen, dass Java für jedes eindeutige Zeichenfolgenliteral genau ein String-Objekt erstellt. Zum Beispiel gibt es ein String-Objekt für „A", ein anderes String-Objekt für „B" und ein drittes String-Objekt für „AB". In „A" == „A" beziehen sich beide „A" Literale auf das gleiche „A" Objekt, also ist das Ergebnis wahr. In „A" == „B" beziehen sich „A" und „B" jedoch auf das Objekt „A" und auf ein Objekt „B". Wegen unterschiedlicher Referenzen ist false das Ergebnis. Als Nächstes, in «AB» == «A» + «B», erzeugt die String-Verkettung eine Referenz auf das gleiche «AB» -Objekt, wie es durch das Literal «AB» referenziert wird, also ist true das Ergebnis. Schließlich, String s = „B"; erstellt ein neues String-Objekt, das B enthält und dessen Referenz s zugeordnet ist. Dieses Objekt (und die Referenz) sind getrennt von dem Objekt (und der Referenz), die mit „B" verknüpft sind. Als Ergebnis wird in „AB" == „A" + s die Referenz des Objekts „AB" String mit einer Referenz auf ein anderes String-Objekt verglichen, das AB enthält, und dieser Vergleich führt zu einem Ergebnis false. Ich werde mehr über String-Vergleiche zu sagen haben, wenn ich die String-Klasse in einem zukünftigen Artikel erkunde.

Logische Operatoren

Die logischen Operatoren sind das boolesche Äquivalent der bitweisen Operatoren. Anstatt an den Bitwerten von Integraloperanden zu arbeiten, arbeiten sie an ihren booleschen Operanden. Diese Operatoren umfassen logisches UND (&), logisches Komplement (!), logisches exklusives ODER (^) und logisches ODER (|); und sind im Folgenden formell definiert:

Logisches UND: Gegeben operand1 & operand2, wobei jeder Operand vom Boolean-Typ sein muss, true zurück, wenn beide Operanden wahr sind. Andernfalls gebe false zurück. Im Gegensatz zum bedingten UND führt logisches UND keinen Kurzschluss durch. Beispiel: true & false

Logisches Komplement: Gegeben! Operand, wobei der Operand vom Boolean-Typ sein muss, den Wert des Operanden (true zu false oder false zu true) und das Ergebnis zurückgeben. Beispiel:! false

Logisches exklusives ODER: Gegeben sei operand1 ^ operand2, wobei jeder Operand vom Boolean-Typ sein muss, true zurück, wenn ein Operand wahr und der andere Operand false ist. Andernfalls gebe false zurück. Beispiel: true ^ false

Logisches inklusive ODER: Gegebener operand1 | operand2, wobei jeder Operand vom booleschen Typ sein muss, gibt true zurück, wenn mindestens ein Operand wahr ist. Andernfalls gebe false zurück. Im

Gegensatz zum bedingten ODER führt logisches ODER nicht zum Kurzschließen. Beispiel: true | falsch

Listing 6 zeigt den Quellcode einer LogicalOp-Anwendung, mit der Sie mit den logischen Operatoren spielen können.

Listing 6. LogicalOp.java

```java
class LogicalOp

{

public static void main(String[] args)

{

int x = 0;

System.out.println(false & ++x == 0);

System.out.println(x);

System.out.println(!false);

System.out.println(true ^ true);

System.out.println(true ^ false);

System.out.println(true | ++x == 0);

System.out.println(x);

}

}
```

Kompilieren Sie Listing 6 (javac LogicalOp.java) und führen Sie die Anwendung (java LogicalOp) aus.

Sie sollten folgende Ausgabe beachten:

false

1

true

false

true

true

2

Benutzerzugriffs-Operator/ Member access operator

Der Mitgliedszugriffsoperator (.) greift auf Klassen- oder Objektmitglieder (z. B. Methoden) zu. Angenommen, der Name hat den Typ String und wird mit einer Zeichenfolge initialisiert. Name.length () gibt die Länge dieser Zeichenfolge zurück. Im Wesentlichen greift dieser Operator auf das length () - Member des name-Objekts zu.

Java betrachtet Arrays als spezielle Objekte mit einem einzelnen Längenelement, dessen Wert (ein Int) die Anzahl der Elemente im Array angibt. Zum Beispiel gibt grades.length die Länge von (die Anzahl der Elemente in) des Arrays zurück, das Referenzen bewertet. Mit anderen Worten, dieser Operator greift auf das Längenelement des Notenarrays zu.

Ich werde in zukünftigen Artikeln mehr über Klassen, Objekte, Klassen- / Objekt-Mitglieder und Arrays zu sagen haben.

Methodenaufrufoperator

Der Methodenaufrufoperator - () - gibt an, dass eine Methode aufgerufen wird, und identifiziert die Anzahl, Reihenfolge und Typen von Ausdrücken, die an die Methode übergeben werden. In System.out. println („Java"); bedeutet () beispielsweise, dass die Methode println, die ein Mitglied des Members der Systemklasse ist, mit einem Argument aufgerufen wird: „Java".

Multiplikative Operatoren

Die multiplikativen Operatoren erhöhen oder verringern stark einen numerischen Wert durch das Äquivalent mehrerer Additionen oder Subtraktionen (z. B. 4 mal 3 entspricht dem Addieren von drei 4s, und 12 geteilt durch 3 entspricht dem wiederholten Subtrahieren von 3 von 12, bis der Rest kleiner als ist 3 (0, in diesem Beispiel). Diese Operatoren enthalten Multiplikation (*), Division (/) und Rest (%) und sind im Folgenden formell definiert:

Multiplikation: Gegeben sei operand1 * operand2, wobei jeder Operand ein Zeichen oder ein numerischer Typ sein muss, multipliziere operand1 mit operand2 und gebe das Produkt zurück. Beispiel: 4 * 3

Division: Gegeben sei operand1 / operand2, wobei jeder Operand ein Zeichen oder ein numerischer Typ sein muss, dividiere operand1 durch operand2 und gebe den Quotienten zurück. Beispiel: 12/3

Rest: Gegeben sei operand1% operand2, wobei jeder Operand vom Typ Zeichen oder numerisch sein muss, dividiere operand1 durch operand2 und gebe den Rest zurück. Auch als Modulusoperator bekannt. Beispiel: 12% 3

Der Multiplikationsoperator kann ein Produkt generieren, das die Grenzen des Ergebnistyps überschreitet und keinen Überlauf erkennt und meldet. Wenn Sie einen Überlauf feststellen müssen, sollten Sie mit den MultiplyExact () - Methoden der Math-Klasse arbeiten.

Listing 7 zeigt den Quellcode einer MulOp-Anwendung, mit der Sie mit den multiplikativen Operatoren spielen können.

Listing 7. MulOp.java

```
class MulOp

{

public static void main(String[] args)

{

System.out.println(64.0 * 3.0);

System.out.println(64 / 3);

System.out.println(64 % 3);

System.out.println(10.0 / 0.0);

System.out.println(-10.0 / 0.0);

System.out.println(0.0 / 0.0);

System.out.println(10 / 0);

}

}
```

Listing 7 ist ziemlich einfach, bis Sie auf die Division durch Null-Ausdrücke stoßen. Die Division eines numerischen Werts durch 0 (über den Divisions- oder Restoperator) führt zu einem interessanten

Verhalten:

Dividiert man einen Fließkomma- / Gleitkommawert mit doppelter Genauigkeit durch 0, so gibt der Operator einen der folgenden speziellen Werte zurück: + unendlich (der Dividenden ist positiv), -unendlich (der Dividenden ist negativ) oder NaN - nicht a Zahl - (Dividend und Divisor sind beide 0).

Wenn Sie einen Ganzzahlwert durch Ganzzahl 0 teilen, wirft der Operator ein ArithmeticException-Objekt. Wir werden Ausnahmen in einem zukünftigen Java 101-Artikel untersuchen.

Kompilieren Sie Listing 7 (javac MulOp.java) und führen Sie die Anwendung (java MulOp) aus.

Sie sollten folgende Ausgabe beachten:

192.0

21

1

Infinity

-Infinity

NaN

Exception in thread „main" java.lang.ArithmeticException: / by zero

at MulOp.main(MulOp.java:11)

Objekterstellungsoperator

Der Objekterstellungsoperator (neu) wird verwendet, um ein Objekt aus einer Klasse zu erstellen oder ein Array zu erstellen. Dieser Operator ist im Folgenden formal definiert:

Geben Sie einen neuen Bezeichner (Argumentliste) ein, weisen Sie Speicher für den Objekt- und Aufrufkonstruktor zu, der als Bezeichner (Argumentliste) angegeben ist. Beispiel: neuer String („ABC")

Geben Sie unter new identifier [integer size] ein eindimensionales Array von Werten an. Beispiel: new int [5] Um ein zweidimensionales Array zu erstellen, ändert sich die Syntax zu Bezeichner [integer size] [integer size] (z. B. new double [5] [5]). Fügen Sie für zusätzliche Dimensionen eine [Ganzzahlgröße] pro Dimension hinzu.

Die Erstellung von Objekten und Arrays ist ein reichhaltiges Thema, weshalb wir uns ein anderes Mal damit beschäftigen werden.

Relationale Operatoren

Die relationalen Operatoren erzwingen eine Ordnung für ihre Operanden, indem sie bestimmen, welcher Operand größer, kleiner usw. ist. Diese Operatoren enthalten größer als (>), größer als oder gleich (> =), kleiner als (<) und kleiner als oder gleich (<=). Die Typprüfung (instanceof) wird ebenfalls als relational angesehen. Diese Operatoren sind im Folgenden formell definiert:

Größer als: Gegeben sei operand1> operand2, wobei jeder Operand vom Typ Zeichen oder numerisch sein muss, true zurück, wenn operand1 größer als operand2 ist. Andernfalls gebe false zurück. Beispiel: 65.3> 22.5

Größer als oder gleich: Gegeben operand1> = operand2, wobei jeder Operand vom Typ Zeichen oder numerisch sein muss, geben Sie true zurück, wenn operand1 größer oder gleich operand2 ist. Andernfalls gebe false zurück. Beispiel: 0> = 0

Kleiner als: Gegeben sei operand1 <operand2, wobei="wobei" jeder="jeder" ein="ein" oder="oder" numerischer="numerischer" sein="sein" muss,="muss," true="true" zurück,="zurück," wenn="wenn" operand1="operand1" kleiner="kleiner" als="als" operand2="operand2" ist.="ist." gebe="gebe" false="false" zurück.="zurück." x="10;" <15="<15" <="operand2," vom="vom" numerisch="numerisch" geben="geben" gleich="gleich" insta nceofoperand2,="instanceofoperand2," und="und" eine="eine" (oder="(oder" anderer="anderer" benutzerdefinierter="benut zerdefinierter" ist,="ist," von="von" zeigt="zeigt" den="den" einer="einer" mit="mit" der="der" relationalen="relationalen" spielen="spielen" können.="können." 8.="8." class="class" {="{," public="public" static="static" void="void" args)="args)" int="int" operand="Operand" zeichen="Zeichen" typ="Typ" andernfalls="Andernfalls" gegeben="Gegeben" sie="Sie" objekt="Objekt" klasse="Klasse" typ)="Typ)" instanz="Instanz" listing="Listing" quellcode="Quellcode" relop-anwendung,="RelOp-Anwendung," operatoren="Operatoren" relop.java="RelOp. java" relop="RelOp" main(string[]="main(String[]" system.out. println(x="System.out.println(x"> 10);

System.out.println(x >= 10);

System.out.println(x < 10);

System.out.println(x <= 10);

System.out.println(„A" instanceof String);

}

}

Kompilieren Sie Listing 8 (javac RelOp.java) und führen Sie die An-wendung (java RelOp) aus.

Sie sollten folgende Ausgabe beachten:

false

true

false

true

true

Die endgültige Ausgabezeile ist interessant, weil sie beweist, dass ein String-Literal (z. B. „A") tatsächlich ein String-Objekt ist.

Schichtoperatoren

Mit den Shift-Operatoren können Sie einen Integralwert um eine bestimmte Anzahl von Bitpositionen nach links oder rechts verschieben. Diese Operatoren umfassen die linke Verschiebung (<), die rechtsgesteuerte Verschiebung (>>) und die vorzeichenlose Rechtsverschiebung (>>>); und sind im Folgenden formell definiert:

Linke Verschiebung: Gegeben sei operand1 < operand2, wobei jeder Operand vom Zeichen- oder Integer-Typ sein muss, verschiebe operand1 Binärdarstellung um die Anzahl der Bits, die operand2 angibt. Für jede Verschiebung wird eine 0 in das am weitesten rechts liegende Bit verschoben und das am weitesten links liegende Bit wird verworfen. Nur die fünf Bits niedriger Ordnung von operand2 werden verwendet, wenn eine 32-Bit-Ganzzahl verschoben wird (um zu verhindern, dass mehr als die Anzahl von Bits in einer 32-Bit-Ganzzahl verschoben wird). Nur die sechs Bits niedriger Ordnung von operand2 werden verwendet, wenn eine 64-Bit-Ganzzahl verschoben wird (um zu verhindern, dass mehr als die Anzahl von Bits in einer 64-Bit-Ganzzahl verschoben wird). Die Verschiebung bewahrt negative Werte. Außerdem ist es äquivalent (aber schneller als) multipliziert mit einem Vielfachen von 2. Beispiel: 3 < 2

Signed Right Shift: Gegeben operand1 >> operand2, wobei jeder Operand vom Typ Zeichen oder Integer sein muss, verschiebe die Binärdarstellung von operand1 um die Anzahl der Bits, die operand2 angibt. Für jede Verschiebung wird eine Kopie des Vorzeichenbits (das am weitesten links liegende Bit) nach rechts verschoben, und das am weitesten rechts liegende Bit wird verworfen. Nur die fünf Bits niedriger Ordnung von operand2 werden verwendet, wenn eine 32-Bit-Ganzzahl verschoben wird (um zu verhindern, dass mehr als die Anzahl von Bits in einer 32-Bit-Ganzzahl verschoben wird). Nur die sechs Bits niedriger Ordnung von operand2 werden verwendet, wenn eine 64-Bit-Ganzzahl verschoben wird (um zu verhindern, dass mehr als die Anzahl von Bits in einer 64-Bit-Ganzzahl verschoben wird). Die Verschiebung bewahrt negative Werte. Außerdem ist es gleichbedeutend mit (aber schneller als) Division durch ein Vielfaches von 2. Beispiel: -5 >> 2

Vorzeichenlose Rechtsverschiebung: Gegeben operand1 >>> operand2, wobei jeder Operand vom Zeichen- oder Integertyp sein muss, verschiebe die Binärdarstellung von operand1 genau um die Anzahl der Bits, die operand2 angibt. Für jede Verschiebung wird eine Null in das am weitesten links liegende Bit geschoben und das am weitesten rechts liegende Bit wird verworfen. Nur die fünf Bits niedriger Ordnung von operand2 werden verwendet, wenn eine 32-Bit-Ganzzahl verschoben wird (um zu verhindern, dass mehr als die Anzahl von Bits in einer 32-Bit-Ganzzahl verschoben wird). Nur die sechs Bits niedriger Ordnung von operand2 werden verwendet, wenn eine 64-Bit-Ganzzahl verschoben wird (um zu verhindern, dass mehr als die Anzahl von Bits in einer 64-Bit-Ganzzahl verschoben wird). Die Verschiebung bewahrt keine negativen Werte. Außerdem ist es gleichbedeutend mit (aber schneller als) Division durch ein Vielfaches von 2. Beispiel: 42 >>> 2

Listing 9 zeigt den Quellcode einer ShiftOp-Anwendung, mit der Sie mit den Shift-Operatoren spielen können.

Listing 9. ShiftOp.java

```
class ShiftOp

{

public static void main(String[] args)

{

System.out.println(1 < 8);

System.out.println(8 >> 2);

System.out.println(-1 >> 1);

System.out.println(-1 >>> 1);

}

}
```

Kompilieren Sie Listing 9 (javac ShiftOp.java) und führen Sie die Anwendung aus (java ShiftOp).

Sie sollten folgende Ausgabe beachten:

256

2

-1

2147483647

Die Ausgabe zeigt, dass die Bitverschiebung dem Multiplizieren oder Dividieren durch Vielfache von 2 entspricht (aber schneller ist). Die erste Ausgangsleitung entspricht dem von 2 * 2 * 2 * 2 * 2 * 2 * 2 abgeleiteten Wert und die zweite Ausgangsleitung entspricht dem von 8/4 abgeleiteten Wert. Die letzten beiden Ausgangszeilen zeigen die Differenz zwischen dem Erhalten und Nicht-Erhalten des Vorzeichen-Bits, wo negative Werte betroffen sind.

Unäre Minus- / Plusoperatoren

Die letzten Operatoren, die Java unterstützt, sind unäre Minuszeichen (-) und unäre Pluszeichen (+). Unäres Minus gibt das Negativ seines Operanden zurück (z. B. -8 gibt -8 zurück und -8 gibt 8 zurück), während unäres Plus seinen Operanden unverändert zurückgibt (z. B. +8 gibt 8 zurück und + -8 gibt -8 zurück). Unary plus wird nicht häufig verwendet, ist aber in der Java-Gruppe von Operatoren zur Vollständigkeit enthalten.

Vorrang und Assoziativität

Ich habe bereits erwähnt, dass die Prioritätsregeln von Java (Priorität in der Reihenfolge) die Reihenfolge vorgeben, in der zusammengesetzte Ausdrücke ausgewertet werden. Für die üblichen arithmetischen Operatoren (z. B. Addition und Multiplikation) folgt Java den festgelegten Präzedenzkonventionen (z. B. Multiplikation zuerst und dann Addition). Für andere Betreiber ist die Reihenfolge der Auswertung nicht so klar. Zum Beispiel, wie bewertet Java 6> 3 * 2? Folgt der Vergleich der Multiplikation oder umgekehrt?

Die folgende Liste zeigt Ihnen den Vorrang der Java-Operatoren. Operatoren, die näher an der Spitze liegen, haben eine höhere Priorität als Operatoren, die weiter unten liegen. Mit anderen Worten, Operatoren, die in der Liste oben aufgeführt sind, werden zuerst ausgeführt. Operatoren mit derselben Priorität werden in derselben Zeile aufgeführt.

Wenn der Java-Compiler mehrere Operatoren mit demselben Vorrang im selben zusammengesetzten Ausdruck findet, generiert er Code, um die Operationen entsprechend ihrer Assoziativität auszuführen:

Array-Index, Mitgliederzugriff, Methodenaufruf, Postdekretion, Postinkrement

Bitweises Komplement, Cast, logisches Komplement, Objekterzeugung, Predecrement, Preincrement, Unary Minus, Unary Plus

Division, Multiplikation, Rest

Addition, String-Verkettung, Subtraktion

Linke Schicht, rechts markierte Schicht, vorzeichenlose rechte Schicht

Größer als, größer als oder gleich, kleiner als, kleiner als oder gleich Typprüfung

Gleichheit, Ungleichheit

Bitweises UND, logisches UND

Bitweise exklusives ODER, logisches exklusives ODER

Bitweise inklusive ODER, logisch inklusive ODER

Bedingtes UND

Bedingtes ODER

Bedingt

Zuordnung, Verbundzuordnung

Sie werden dieser Reihenfolge nicht immer folgen wollen. Beispielsweise möchten Sie möglicherweise eine Addition vor der Multiplikation durchführen. Mit Java können Sie die Rangfolge verletzen, indem Sie Teilausdrücke zwischen runden Klammern (Klammern) setzen. Ein eingeklammerter Teilausdruck wird zuerst ausgewertet. Klammern können geschachtelt werden, wobei ein eingeklammerter Teilausdruck innerhalb eines eingeklammerten Teilausdrucks gefunden werden kann. In diesem Fall wird der innerste geklammerte Teilausdruck zuerst ausgewertet.

Während der Auswertung werden Operatoren mit der gleichen Prioritätsebene (z. B. Addition und Subtraktion) gemäß ihrer Assoziativität verarbeitet (wie Operatoren mit der gleichen Priorität gruppiert werden, wenn keine Klammern vorhanden sind). Zum Beispiel wird 10 * 4/2 so bewertet, als ob es (10 * 4) / 2 wäre, weil * und / Links assoziierte Operatoren von links nach rechts sind. Im Gegensatz dazu ist a = b = c = 50; wird bewertet, als wäre es a = (b = (c = 50)); (50 ist c zugeordnet, cs Wert ist b zugeordnet und bs Wert ist a zugewiesen - alle drei Variablen enthalten 50), weil = ein assoziativer Operator von rechts nach links ist.

Die meisten Java-Operatoren sind von links nach rechts assoziativ. Von rechts nach links assoziative Operatoren umfassen Zuweisung, bitweises Komplement, Besetzung, Verbundzuweisung, Bedingungsbedingung, logisches Komplement, Objekterzeugung, Vorverformung, Vorinkrement, unäres Minus und unäres Plus.

Listing 10. PA.java

```
class PA

{

public static void main(String[] args)

{
```

```
System.out.println(10 * 4 + 2);

System.out.println(10 * (4 + 2));

int a, b, c;

a = b = c = 50;

System.out.println(a);

System.out.println(b);

System.out.println(c);

}

}
```

Kompilieren Sie Listing 10 (javac PA.java) und führen Sie die Anwendung (Java PA) aus.

Sie sollten folgende Ausgabe beachten:

42

60

50

50

50

In Listing 10 sei angenommen, (a = b) = c = 50; anstelle von a = b = c = 50; weil ich will a = b zuerst ausgewertet haben.

Konvertieren zwischen Typen

Meine vorherigen binären und ternären Operatorbeispiele zeigten Operanden vom gleichen Typ (z. B. ist jeder der Operanden von 6 * 5 ein int). In vielen Fällen haben Operanden nicht den gleichen Typ, und der Java-Compiler muss Bytecode generieren, der einen Operanden von einem Typ in einen anderen konvertiert, bevor er einen Bytecode generiert, der die Operation ausführt. Wenn der Compiler beispielsweise mit 5.1 + 8 konfrontiert wird, erzeugt er einen Bytecode, um 32-Bit-Ganzzahl 8 in sein Gleitkommaarexual mit doppelter Genauigkeit umzuwandeln, gefolgt von Bytecode, um diese Werte mit doppelter Genauigkeit hinzuzufügen. (Im Beispiel würde der Compiler eine i2d-Anweisung generieren, um von int in double zu konvertieren und dann eine add-Anweisung, um die zwei doubles hinzuzufügen.)

Woher weiß der Compiler, welcher Operand konvertiert werden soll? Für primitive Operanden basiert ihre Auswahl auf den folgenden Erweiterungsregeln, die im Wesentlichen von einem Typ mit einem engeren Satz von Werten in einen Typ mit einem breiteren Satz von Werten konvertieren:

Konvertieren von Byte-Ganzzahlen in kurze ganze Zahlen, ganze Zahlen, lange ganze Zahlen, Fließkommazahlen oder Gleitkommazahlen mit doppelter Genauigkeit.

Konvertieren kurzer Integerwerte in Ganzzahl-, Long Integer-, Gleitkomma- oder Double-Precision-Gleitkommazahlen.

Konvertieren von Zeichen in Integer-, Long Integer-, Gleitkomma- oder Double-Precision-Gleitkommawerte.

Konvertieren von Ganzzahl- in Long-Ganzzahl-, Gleitkomma- oder Doppelpräzisions-Gleitkommawerte.

Konvertieren von langen Ganzzahlen in Fließkommazahlen oder Fließkommazahlen mit doppelter Genauigkeit.

Konvertieren von Gleitkommazahlen in Gleitkommazahlen mit doppelter Genauigkeit.

In Bezug auf den Ausdruck 5.1 + 8 können wir sehen, dass der Compiler basierend auf der Regel zum Konvertieren eines ganzzahligen Gleitkommawerts in einen Gleitkommawert mit doppelter Genauigkeit 8 zu einem Doppelwert konvertiert. Wenn es 5.1 in ein int konvertiert, was ein engerer Typ ist, würde Information verloren gehen, weil der Bruchteil effektiv abgeschnitten würde. Daher wählt der Compiler immer einen Typ, um Informationen zu erweitern, damit Informationen nicht verloren gehen.

Diese Regeln helfen auch zu erklären, warum in BitwiseOp.java die binären Werte, die aus Ausdrücken wie System.out.println (~ x); waren 32 Bits lang statt 16 Bits lang. Der Compiler wandelt die kurze Ganzzahl in x in einen 32-Bit-Ganzzahlwert um, bevor er ein bitweises Komplement über die Anweisungen iconst_m1 und ixor ausführt - EXKLUSIV-ODER den 32-Bit-Ganzzahlwert mit 32-Bit-Ganzzahl -1 und ein 32-Bit-Ganzzahlergebnis. Die Java Virtual Machine stellt keine Befehle sconst_m1 und sxor zum Ausführen eines bitweisen Komplements für kurze Ganzzahlen bereit. Byte-Integer und kurze Ganzzahlen werden immer auf 32-Bit-Ganzzahlen erweitert.

Früher habe ich erwähnt, dass Sie herausfinden würden, warum ‚C‘ - ‚A‘ in (Noten [‚C‘ - ‚A‘]) einen ganzzahligen Index erzeugt. Zeichenliterale ‚C‘ und ‚A‘ werden im Speicher durch ihre Unicode-Werte dargestellt, die vorzeichenlose 16-Bit-Ganzzahlen sind. Wenn dieser Ausdruck gefunden wird, generiert der Java-Compiler eine Anweisung iconst_2 mit dem Wert int 2. In diesem Fall wird aufgrund der Optimierung keine Subtraktion ausgeführt. Wenn ich jedoch ‚C‘ - ‚A‘ durch ‚C‘ - base ersetzt habe, wobei base eine mit ‚A‘ initialisierte char-Variable ist, würde der Compiler den folgenden Bytecode erzeugen:

bipush 65 ; Push 8-bit Unicode value for A, which is sign-extended to 32-bit int, onto stack.

istore_1 ; Pop this 32-bit value into a special int variable.

...

bipush 67 ; Push 8-bit Unicode value for C, which is sign-extended to 32-bit int, onto stack.

iload_1 ; Push 32-bit Unicode value for A onto stack.

isub ; Subtract 65 (A) from 67 (C). Push 32-bit result onto stack.

Das Bi in Bipush steht für den Byte-Integer-Typ; das i in istore_1, iload_1 und isub steht für den 32-Bit-Integer-Typ. Der Compiler hat den Ausdruck in einen int-Wert konvertiert. Dies ist aufgrund der engen Beziehung zwischen Zeichenliteralen (wirkliche Unicode-Ganzzahlen ohne Vorzeichen) und vorzeichenbehafteten Ganzzahlen von Java sinnvoll.

Zusätzlich zu den vorherigen Erweiterungsregeln bietet Java eine spezielle Erweiterungsregel für die Verwendung mit String-Objekten (z. B. String-Literale). Wenn einer der beiden Operanden des String-Verkettungsoperators keine Zeichenfolge ist, wird dieser Operand in eine Zeichenfolge konvertiert, bevor die Verkettungsoperation ausgeführt wird. Wenn beispielsweise mit „X" + 3 konfrontiert wird, erzeugt der Compiler-Code, um 3 in „3" zu konvertieren, bevor die Verkettung ausgeführt wird.

Manchmal müssen Sie absichtlich einen Typ einschränken, bei dem Informationen verloren gehen können. Zum Beispiel zeichnen Sie eine mathematische Kurve mit Gleitkommakoordinaten (für die Genauigkeit). Da die Pixel des Bildschirms Ganzzahlkoordinaten verwenden, müssen Sie von Fließkommazahlen in Ganzzahlen konvertieren, bevor Sie ein Pixel zeichnen können. Mit Java können Sie einen Typ über einen Darsteller einschränken. Um die folgenden primitiven Typumwandlungen auszuführen, sind Umsetzungsoperatoren verfügbar:

Konvertiert von Byte Integer in Zeichen.

Konvertieren von kurzer Ganzzahl in Byte Ganzzahl oder Zeichen.

Konvertiert von Zeichen in Byte Integer oder Short Integer.

Konvertieren von Ganzzahl in Byte Ganzzahl, kurze Ganzzahl oder Zeichen.

Konvertieren von Long Integer in Byte Integer, Short Integer, Character oder Integer.

Konvertieren von Gleitkommazahlen in Byte Ganzzahlen, Ganzzahlen, Zeichen, Ganzzahlen oder Ganzzahlen.

Konvertieren von Fließkommazahlen mit doppelter Genauigkeit in Ganzzahlen, kurze Ganzzahlen, Zeichen, ganze Zahlen, lange ganze Zahlen oder Fließkommazahlen.

Zum Beispiel ist der (Schwimmer) im Schwimmerumfang eingegossen = (float) 3.14159 * 10 * 10; ist erforderlich, um Gleitkommazahlen mit doppelter Genauigkeit in Fließkommazahlen zu konvertieren.

Ein Umsetzungsoperator ist nicht immer für die obigen primitiven Typumwandlungen notwendig. Betrachten Sie beispielsweise die Konvertierung von einer 32-Bit-Ganzzahl in eine 8-Bit-Byte-Ganzzahl. Sie müssen keine Umsetzungsoperation angeben, wenn Sie ein 32-Bit-Ganzzahlliteral von -128 bis 127 einer Variablen vom Byte-Integer-Typ zuweisen. Zum Beispiel könnten Sie das Byte b = 100 angeben; und der Compiler würde sich nicht beschweren, weil keine Information verloren gegangen ist. (Deshalb konnte ich vorher short x = 0B0011010101110010; angeben, wobei das binäre Literal vom 32-Bit-Integer-Typ ist, ohne einen (kurzen) Umwandlungsoperator zu erfordern, wie kurz x = (kurz) 0B0011010101110010;.) Jedoch, wenn Sie int i = 2 angegeben haben; Byte b = i ;, der Compiler würde sich beschweren, weil er einen Wert außerhalb des gültigen Bereichs von ganzen Zahlen enthalten könnte, die einer Byte-Integer-Variablen zugewiesen werden können.

Eine kurze Bewertung soll helfen, diese Theorie zu klären.

Schauen Sie sich den Quellcode von Listing 11 an:

Listing 11. Convert.java

```
class Convert

{

public static void main(String[] args)

{

float f = 1000;

System.out.println(„f = „ + f);

long l = 5000;

System.out.println(„l = „ + l);

System.out.println(„'C' - ‚A' = „ + (‚C' - ‚A'));

char base = ‚A';

System.out.println(„'C' - base = „ + (‚C' - base));
```

```
int i = (int) 2.5;

System.out.println(i);

byte b = 25;

System.out.println(b);

b = (byte) 130;

System.out.println(b);

i = 2;

b = (byte) i;

System.out.println(b);

}

}
```

Listing 11 zeigt eine gute Möglichkeit, Variablen bei der Ausgabe ihrer Werte zu identifizieren (zum Debuggen oder zu einem anderen Zweck). Verknüpfen Sie einfach eine Variable (beliebigen Typs) mit einer Zeichenfolge, wie in „f =" + f.

Kompilieren Sie Listing 11 (javac Convert.java) und führen Sie die Anwendung aus (java Convert).

Sie sollten folgende Ausgabe beachten:

f = 1000.0

l = 5000

‚C' - ‚A' = 2

‚C' - base = 2

2

25

-126

2

Java-Anwendungen werten Ausdrücke im Kontext von Anweisungen aus, bei denen es sich um eigenständige Code-Inseln handelt, mit denen verschiedene Aufgaben ausgeführt werden, z. B. das Deklarieren einer Variablen, das Treffen einer Entscheidung oder das Iterieren von Anweisungen. Eine Aussage kann als einfache Aussage oder als zusammengesetzte Aussage ausgedrückt werden:

Eine einfache Anweisung ist eine einzelne eigenständige Anweisung zum Ausführen einer Aufgabe; es muss mit einem Semikolon (;) abgeschlossen werden.

Eine zusammengesetzte Anweisung ist eine Folge von einfachen und anderen zusammengesetzten Anweisungen, die sich zwischen öffnenden und geschweiften Klammern ({und}) befinden und die Begrenzungen der zusammengesetzten Anweisung begrenzen. Zusammengesetzte Anweisungen können leer sein, erscheinen überall dort, wo einfache Anweisungen erscheinen, und werden alternativ als Blöcke bezeichnet. Eine zusammengesetzte Anweisung wird nicht mit einem Semikolon abgeschlossen.

Variablen deklarieren und Ausdrücke als Anweisungen angeben

Zuvor habe ich Ihnen das Konzept einer Variablen vorgestellt und erwähnt, dass eine Variable deklariert werden muss, bevor sie verwendet wird. Ich erwähnte auch, dass eine Variablendeklaration minimal aus einem Typnamen besteht, optional gefolgt von einer Folge von eckigen Klammernpaaren, gefolgt von einem Namen, optional gefolgt von einer Folge von eckigen Klammernpaaren und mit einem Semikolon abgeschlossen. Außerdem kann eine Variable während ihrer Deklaration explizit initialisiert werden.

Da eine Variablendeklaration eine eigenständige Code-Insel ist, handelt es sich effektiv um eine Anweisung - eine einfache Anweisung, um genau zu sein. Hier sind einige Beispiele - Deklarationsanweisungen:

int age = 25;

float interest_rate;

char[] text = { ‚J‘, ‚a‘, ‚v‘, ‚a‘ };

String name;

Eng verwandt mit der Variablendeklarationsanweisung ist die Zuweisungsanweisung, die einer Variablen einen Wert (möglicherweise einen Verweis auf ein Array oder eine Referenz auf ein Objekt) zuweist. Einige Beispiele sind unten aufgeführt:

age = 30;

interest_rate = 4.0F;

age += 10;

text[1] = ‚A‘;

text[2] = ‚V‘;

text[3] = ‚A‘;

name = „John Doe“;

Eine Zuweisungsanweisung ist ein Beispiel für eine Ausdrucksanweisung, bei der es sich um einen Ausdruck handelt, der als Anweisung verwendet werden kann, wenn er mit einem Semikolon gefolgt wird. Die folgenden Ausdrücke gelten auch als Ausdrucksanweisungen:

Vorinkrement (z. B. ++ x;)

Vorabdekretion (z. B. -y;)

Postinkrement (z. B. x ++;)

Postdekretion (z.B. y-;)

Methodenaufruf (z. B. System.out.println („Hallo");)

Objekterstellung (z. B. neue Zeichenfolge („ABC");)

Entscheidungen treffen:

Mit Entscheidungsaussagen können Anwendungen zwischen mehreren Ausführungspfaden wählen. Wenn ein Verkäufer beispielsweise in diesem Monat mehr als 500 Artikel verkauft, geben Sie dem Verkäufer einen Bonus. Wenn die Note eines Schülers in einem Algebratest größer als 85 Prozent ist, gratulieren Sie dem Schüler, dass er es gut macht. Ansonsten empfehlen Sie dem Schüler, sich intensiver für den nächsten Test zu entscheiden.

Java unterstützt die Entscheidungsregeln für if, if-else und switch.

Die if-Anweisung

Der Einfachste der Entscheidungsbefehle von Java ist die if-Anweisung, die einen booleschen Ausdruck auswertet und eine andere Anweisung ausführt, wenn dieser Ausdruck als wahr ausgewertet wird.

Die if-Anweisung hat die folgende Syntax:

if (Boolean expression)

statement

Die if-Anweisung beginnt mit dem reservierten Wort if und wird mit einem booleschen Ausdruck in Klammern fortgesetzt, auf den die Anweisung folgt, die ausgeführt wird, wenn der boolesche Ausdruck als true ausgewertet wird.

Das folgende Beispiel zeigt die if-Anweisung. Wenn die Altersvariable einen Wert von 55 oder höher enthält, wird system.out.println (...) ausgeführt, um die Nachricht auszugeben:

if (age >= 55)

System.out.println(„You are or were eligible for early retirement.");

Viele Menschen ziehen es vor, jede einfache Anweisung, die auf die if-Anweisung folgt, in geschweifte Klammern umzuwandeln, und sie so in eine entsprechende zusammengesetzte Anweisung umzuwandeln:

if (age >= 55)

{

System.out.println(„You are or were eligible for early retirement.");

}

Die if-else-Anweisung

Die if-else-Anweisung wertet einen booleschen Ausdruck aus, führt eine Anweisung aus, wenn dieser Ausdruck true ergibt, und führt eine andere Anweisung aus, wenn sie false ergibt.

Hier ist die Syntax für die if-else-Anweisung:

if (Boolean expression)

statement1

else

statement2

Die if-else-Anweisung ähnelt der if-Anweisung, enthält aber auch das reservierte Wort else gefolgt von einer Anweisung, die ausgeführt wird, wenn der Boolean-Ausdruck false ist.

Das folgende Beispiel zeigt eine if-else-Anweisung, die jemandem, der jünger als 55 Jahre alt ist, sagt, wie viele Jahre bis zur vorzeitigen Pensionierung noch übrig sind:

if (age >= 55)

System.out.println(„You are or were eligible for early retirement.");

else

System.out.println(„You have „ + (55 - age) + „ years to go until early retirement.");

Bedingter Operator vs if-else

Der bedingte Operator (? :) ähnelt einer if-else-Anweisung. Dieser Operator kann jedoch nicht zum Ausführen alternativer Anweisungen verwendet werden. Stattdessen kann nur einer von zwei Werten desselben Typs zurückgegeben werden.

Verkettung von if-else-Anweisungen

Java ermöglicht es Ihnen, mehrere if-else-Anweisungen für Situationen zusammenzufassen, in denen Sie eine von mehreren auszuführenden Anweisungen auswählen müssen.

Die resultierende Syntax erscheint unten:

if (Boolean expression1)

statement1

else

if (Boolean expression2)

statement2

else

...

else

statementN

Die Verkettung funktioniert, indem eine nachfolgende if-else-Anweisung ausgeführt wird, wenn der boolesche Ausdruck der aktuellen if-Anweisung den Wert false hat.

Das folgende Beispiel veranschaulicht dieses Verkettungsverhalten:

if (temperature < 0.0)

System.out.println(„freezing");

else

```
if (temperature > 100.0)
```

```
System.out.println(„boiling");
```

```
else
```

```
System.out.println(„normal");
```

Die erste if-else-Anweisung bestimmt, ob der Wert der Temperatur negativ ist. Wenn dies der Fall ist, wird System.out.println („freezing") ausgeführt. Wenn nicht, führt es ein zweites Wenn-sonst aus.

Das zweite if-else bestimmt, ob der Wert der Temperatur größer als 100 ist. Wenn dies der Fall ist, wird System.out.println („boiling") ausgeführt. Andernfalls wird System.out.println („normal") ausgeführt.

Das dangling-else-Problem

Wenn if und if-else zusammen verwendet wird, und der Quellcode nicht richtig eingerückt ist, kann es schwierig sein, zu bestimmen, ob er mit dem else verknüpft ist.

Das folgende Beispiel veranschaulicht dieses Problem:

```
int x = 0;
```

```
int y = 2;
```

```
if (x > 0)
```

```
if (y > 0)
```

```
System.out.println(„x > 0 and y > 0");
```

```
else
```

```
System.out.println(„x <= 0“);
```

In diesem Beispiel erwarten Sie wahrscheinlich, dass x <= 0 ausgegeben wird. Aber das wird nie passieren, stattdessen wird nichts ausgegeben. Das else stimmt mit seinem nächsten if überein, was if (y> 0) ist. Sobald dieses Beispiel neu formatiert ist, können Sie klarer sehen, was passiert:

```
int x = 0;

int y = 2;

if (x > 0)

if (y > 0)

System.out.println(„x > 0 and y > 0“);

else

System.out.println(„x <= 0“);
```

Wie Sie sehen können, folgt eine if (y> 0) ... else ... if-else-Anweisung der Anweisung if (x> 0). Um die Absicht des vorherigen Beispiels zu erstellen, müssen Sie Klammerzeichen um if (y> 0) und die nachfolgende Anweisung einfügen. Im Wesentlichen wird ein Block folgen, wenn (x> 0):

```
int x = 0;

int y = 2;

if (x > 0)

{
```

if (y > 0)

System.out.println(„x > 0 and y > 0");

}

else

System.out.println(„x <= 0");

Weil x> 0 zu false ausgewertet wird, System.out.println („x <= 0"); führt aus. Das sonst reservierte Wort entspricht eindeutig if (x> 0).

Die switch-Anweisung

Mit der switch-Anweisung können Sie effizienter zwischen mehreren Ausführungspfaden wählen als mit äquivalenten verketteten if-else-Anweisungen.

Es hat die folgende Syntax:

switch (selector expression)

{

case value1: statement1 [break;]

case value2: statement2 [break;]

...

case valueN: statementN [break;]

[default: statement]

}

Die switch-Anweisung beginnt mit dem reservierten Wort switch, und fährt mit einem Selektorausdruck fort, der einen der nachfolgenden Fälle oder den auszuführenden Standardfall auswählt. Der Selektorausdruck wird zu einer Ganzzahl, einem Zeichen oder einer Zeichenfolge ausgewertet.

Schalter und Enum-Konstanten

Der Selektorausdruck kann auch zu einer Enum-Konstante ausgewertet werden.

Jeder Fall identifiziert eine auszuführende Anweisung. Der Fall beginnt mit dem reservierten Wort case und einem Wert, der den Fall kennzeichnet. Nach einem Doppelpunkt (:) ist die Anweisung auszuführen. Auf die Anweisung kann optional break; folgen, um die Ausführung nach dem Wechsel auf die erste Anweisung zu übertragen. Wenn keine der Case-Beschriftungen mit dem Wert des Selektorausdrucks übereinstimmt, wird der optionale Standardfall ausgeführt, der mit dem Default des reservierten Worts beginnt.

Das folgende Beispiel demonstriert eine Switch-Anweisung, die bestimmt, ob ein ganzzahliger Wert gerade oder ungerade ist (indem der Restoperator verwendet wird), und dann eine entsprechende Nachricht über den Fall ausgibt, dessen Label mit dem Rest übereinstimmt:

int i = 27;

switch (i % 2)

{

case 0: System.out.println(„even");

break;

```
case 1: System.out.println("odd");
```

```
}
```

Dieses Beispiel gibt odd aus, weil i% 2 1 ergibt, was der zweiten Fall-bezeichnung entspricht. Wenn ich break; auslasse, und wenn die Zahl gerade wäre, würde sogar even Ausgabe folgen, weil die Ausführung in den zweiten Fall fallen würde.

Brechen Sie Ihren Schalter

Einen Fall mit „break" zu beenden ist ein häufiger Fehler beim Arbeiten mit Switch-Anweisungen.

Manchmal ist es wünschenswert, dass die Ausführung zum nächsten Fall übergeht. Angenommen, Sie möchten allgemeinen Code als Reaktion darauf ausführen, dass der Benutzer einen Groß- oder Kleinbuchstaben für die Befehlszeilenoption angibt:

```
switch (args[i])
```

```
{
```

```
case „-v":
```

```
case „-V": System.out.println("Version 1.0");
```

```
break;
```

```
// ...
```

```
default : System.out.println("unknown option");
```

```
}
```

Stellen Sie sich vor, dass eine for-Anweisung (in Kürze besprochen) über jedes der Argumente im Array von Befehlszeilenargumenten, die an die main () -Methode einer Anwendung übergeben werden, iteriert wird. Wenn das Argument -v (Bindestrich und Kleinbuchstabe v) oder -V (Bindestrich und Großbuchstabe V) ist, wird die Versionsnummer der Anwendung ausgegeben. Wenn -v angegeben wird, muss die Ausführung bis zum folgenden Fall durchlaufen werden, der die Versionsnummer ausgibt, wenn -V angegeben wird.

Der Standardfall wird immer dann ausgeführt, wenn die von args [i] referenzierte Zeichenfolge nicht mit einer der Groß- und Kleinschreibung übereinstimmt. Mit anderen Worten, der Benutzer hat eine unbekannte Option angegeben.

Verkettet if-else vs Schalter

Gelegentlich müssen Sie möglicherweise zwischen einer verketteten if-else-Anweisung und einer äquivalenten Switch-Anweisung wählen. Die von Ihnen gewählte Aussage sollte die größte Klarheit mit der geringsten Ausführlichkeit für die jeweilige Aufgabe bieten.

Iterationen über Aussagen

Iterationsanweisungen (auch als Schleifenanweisungen bezeichnet) führen wiederholt andere Anweisungen für eine bestimmte Anzahl von Iterationen (loop) oder unbegrenzt aus, bis eine Beendigungsbedingung auftritt. Wie bereits erwähnt, möchten Sie möglicherweise beispielsweise über alle String-Objekte im Array von Befehlszeilenargumenten, die an eine main () -Methode übergeben werden, iterieren. Java unterstützt die iteration-Anweisungen for, while und do-while.

For für die Aussage

Die for-Anweisung führt eine andere Anweisung, eine bestimmte Anzahl oder auf unbestimmte Zeit aus.

Es ist im Wesentlichen eine kompakte Form der while-Anweisung und hat die folgende Syntax:

for ([initialize]; [test]; [update])

statement

Diese Syntax zeigt, dass eine for-Anweisung mit dem reservierten Wort for beginnt, gefolgt mit einer durch Klammern getrennten und durch Semikolons getrennten Sequenz von drei Abschnitten:

initialize: Eine durch Kommas getrennte Liste von Variablendeklarationen oder Zuweisungen. Diese Variablen, die als Iterationsvariablen oder Schleifenvariablen bezeichnet werden, werden zum Indexieren von Arrays, zur Teilnahme an Berechnungen oder zum Ausführen anderer Aufgaben verwendet.

test: Ein Boolean-Ausdruck, der festlegt, wie lange die Schleife ausgeführt wird. Die Ausführung wird so lange fortgesetzt, wie dieser Ausdruck wahr bleibt.

update: Eine durch Kommas getrennte Liste von Ausdrücken, die normalerweise die Schleifenvariablen ändern.

Der for-Anweisung folgt eine Anweisung, die wiederholt ausgeführt wird.

Jeder der drei Abschnitte ist optional. Als Ergebnis kann for bis for (;;) verkleinert werden. Da keine Stoppbedingung vorliegt, wird die resultierende Schleife als Endlosschleife bezeichnet.

Im folgenden Beispiel wird die for-Anweisung verwendet, um alle Elemente in einem Array namens args zu durchlaufen und den Wert jedes Array-Elements auszugeben:

for (int i = 0; i < args.length; i++)

System.out.println(args[i]);

Dieses Beispiel funktioniert folgendermaßen:

Deklariere die Variable i und initialisiere sie auf 0.

Evaluiere i <args.length. Wenn i gleich args.length ist, beende die Schleife.

Ausführen von System.out.println (args [i]) ;.

Führe i ++ aus.

Weiter mit Schritt 2.

Die Variable i ist für die Abschnitte test und update der Anweisung for und to statement sichtbar. Für nachfolgende for-Anweisungen ist es jedoch nicht sichtbar. Wenn Sie möchten, dass nachfolgende Anweisungen den endgültigen Wert von i sehen, deklarieren Sie i für for wie folgt:

int i;

for (i = 0; i < args.length; i++)

System.out.println(args[i]);

Die Variable, die die Schleife steuert, kann ein anderer primitiver Typ sein, z. B. ein Boolean-Wert, ein Zeichen oder ein Gleitkommawert mit doppelter Genauigkeit.

Hier sind drei Beispiele:

for (boolean b = false; b != true; b = !b)

System.out.println(b); // This statement executes once.

```
for (char c = ,A'; c <= ,F'; c++)
```

```
System.out.println(c);
```

```
for (double d = 0.0; d < 1.0; d += 0.1)
```

```
System.out.println(d);
```

Wie bereits erwähnt, kann der Initialisierungsabschnitt mehrere Variablen deklarieren. Im folgenden Beispiel werden zwei Variablen deklariert, wobei eine Variable inkrementiert und die andere Variable in der Schleife dekrementiert wird:

```
for (int i = 0, j = 5; i <= 5; i++, j--)
```

```
System.out.println(i + j);
```

Die Ausgabe besteht aus sechs Zeilen zu je 5 Zeichen.

Die while-Anweisung

Die while-Anweisung führt wiederholt eine andere Anweisung aus, während ihr Boolean-Ausdruck weiterhin auf true auswertet.

Diese Anweisung hat die folgende Syntax:

```
while (Boolean expression)
```

```
statement
```

Diese Syntax zeigt, dass eine while-Anweisung mit dem reservierten Wort while beginnt und mit einem Boolean-Ausdruck in Klammern fortgesetzt wird. Auf diese Anweisung folgt eine weitere Anweisung, die wiederholt ausgeführt wird.

Das folgende Beispiel demonstriert die while-Anweisung:

```
int i = 0;

while (i < args.length)

{

System.out.println(args[i]);

i++;

}
```

Dieses Beispiel funktioniert folgendermaßen:

Deklariere die Variable i und initialisiere sie auf 0.

Evaluiere i <args.length. Wenn i gleich args.length ist, beende die Schleife.

Ausführen von System.out.println (args [i]) ;.

Führe i ++ aus.

Weiter mit Schritt 2.

Dieses Beispiel ist das Äquivalent zum vorherigen Beispiel. Sie könnten das Beispiel komprimieren, um eine einfache Anweisung anstelle einer zusammengesetzten Anweisung wie folgt wiederholt auszuführen:

```
int i = 0;

while (i < args.length)

System.out.println(args[i++]);
```

In diesem komprimierten Beispiel habe ich die postincrement-Anweisung in einen Ausdruck geändert, der an den Array-Indexoperator übergeben wird. Obwohl der Code kompakter ist, bevorzugen Sie möglicherweise das vorherige Beispiel für Klarheit.

Die do-while-Anweisung

Die do-while-Anweisung führt wiederholt eine Anweisung aus, während ihr steuernder boolescher Ausdruck, der nach der Ausführung der Anweisung ausgewertet wird, als wahr ausgewertet wird.

Diese Anweisung hat die folgende Syntax:

do

statement

while (Boolean expression); // The semicolon terminator is mandatory.

Diese Syntax zeigt, dass eine do-while-Anweisung mit dem reservierten Wort do beginnt, mit einer Anweisung fortfährt, die wiederholt ausgeführt wird, und mit dem reservierten Wort while endet, gefolgt von einem booleschen Ausdruck in Klammern.

Das folgende Beispiel zeigt die do-while-Anweisung:

int ch;

do

{

System.out.println(„Press x to continue.");

ch = System.in.read();

}

while (ch != ‚x‘);

Dieses Beispiel funktioniert folgendermaßen:

Deklarieren Sie die Variable ch, um den numerischen Code eines Zeichens zu speichern.

Fordern Sie den Benutzer auf, die Taste x zu drücken, um fortzufahren.

Lesen Sie einen Tastencode über System.in.read () aus der Tastatur, der ein Begleiter von System.out.println () ist. Da diese Methode den Code des Schlüssels als int zurückgibt, weisen Sie diesen Wert ch zu.

Vergleichen Sie den Wert von ch mit ‚x‘. Beachten Sie, dass „x“ vor dem Vergleich von char auf int erweitert wird. Beende die Schleife, wenn dieser Ausdruck zu false ausgewertet wird (ch ist gleich ‚x‘). Fahren Sie andernfalls mit Schritt 2 fort.

Der Unterschied zwischen while und do-while ist, dass while seine Anweisung null oder mehrmals ausführt, während do-while seine Anweisung einmal oder mehrmals ausführt. Sie wählen eine der Aussagen basierend auf dieser Eigenschaft aus. Zum Beispiel ist es sinnvoll, while zu verwenden, um über das args-Array zu iterieren, da dieses Array die Länge null haben kann, und Sie in diesem Fall nicht auf das Array zugreifen möchten (und eine außerhalb des Bereichs liegende Ausnahme, die in a zukünftiger Artikel). Im Gegensatz dazu würden Sie mindestens einmal mit do-while auf das Array zugreifen (und eine Out-of-Bounds-Ausnahme auslösen). Es empfiehlt sich, do-while zu verwenden, um den Benutzer aufzufordern, einen Schlüssel einzugeben und die Antwort zu lesen, da diese Aufgaben mindestens einmal ausgeführt werden müssen.

Ausbrechen und Fortsetzen der Iteration

Sie haben die break-Anweisung zuvor im Kontext einer switch-Anweisung gesehen, um aus einer switch-Anweisung auszubrechen, nachdem ein Fall ausgeführt wurde. Diese Anweisung kann jedoch auch in einem Iterationsanweisungskontext verwendet werden. Sie werden die unmarkierten und beschrifteten Versionen dieser Anweisungen untersuchen.

Die unmarkierten Break- und Label-Break-Anweisungen

Die unlabeled break-Anweisung beendet eine switch-, for-, while- oder do-while-Anweisung, indem sie die Ausführung in die erste Anweisung nach dieser Anweisung überträgt.

Es hat die folgende Syntax:

break;

Das folgende Beispiel veranschaulicht die unbenannte break-Anweisung in einem Iterationsanweisungskontext:

for (; ;)

{

System.out.println(„Press x to continue.");

int ch = System.in.read();

if (ch == ‚x')

break;

}

In diesem Beispiel wird eine for-basierte Endlosschleife eingeführt, die den Benutzer wiederholt auffordert, die x-Taste zu drücken und diese Taste zu lesen, bis sie „x" entspricht. Eine if-Anweisung führt den Vergleich durch und führt den Bruch aus. um die Schleife zu beenden, wenn die Taste x gedrückt wird.

Unendliche Schleifen

Sie könnten äquivalente Endlosschleifen basierend auf den Anweisungen while oder do-while erstellen, indem Sie true als booleschen Ausdruck angeben (z. B. while (true) ... und do ... while (true);). Obwohl Sie im Allgemeinen Endlosschleifen vermeiden möchten, die häufig aus fehlerhaften Codes resultieren, zum Beispiel den booleschen Ausdruck einer Schleife basierend auf == oder! = Den Wert einer Gleitkommavariablen mit einem Gleitkommawert zu vergleichen, der nicht exakt dargestellt werden kann im Speicher (wie 0,1) - das obige Beispiel zeigt Ihnen eine Verwendung für sie.

Die beschriftete break-Anweisung beendet eine beinhaltende und beschriftete switch-, for-, while- oder do-while-Anweisung, indem sie die Ausführung in die erste Anweisung überträgt, die auf die containing-Anweisung folgt.

Es hat die folgende Syntax:

break label;

Diese Syntax besteht aus einem reservierten Wortbruch gefolgt von einem nicht reservierten Wortbezeichner, der als Bezeichnung dient, gefolgt von einem Semikolon. Die Beschriftung muss einer vorherigen Switch- oder Iterationsanweisung vorangestellt werden. Darauf muss ein Doppelpunkt folgen.

Das folgende Beispiel veranschaulicht die Anweisung „label break" in einem Iterationsanweisungskontext:

outer:

while (true)

{

```
System.out.println("Guess number between 0 and 9.");

while (true)

{

System.out.println("Press n for new game or q to quit.");

int ch = System.in.read();

if (ch == 'n')

break;

if (ch == 'q')

break outer;

}

}
```

Dieses Beispiel zeigt ein Paar verschachtelter unendlicher while-Schleifen, die einen Teil eines Ratespiels beschreiben. Die äußere Schleife ist ein Stummel zum Spielen des Spiels, während die innere Schleife den Benutzer auffordert, ein neues Spiel zu spielen oder das Spiel zu beenden.

Wenn der Benutzer die Taste n drückt, wird die unbenannte break-Anweisung ausgeführt, um die innere Schleife zu beenden, sodass ein neues Spiel gespielt werden kann. Wenn q gedrückt wird, wird break outer; ausgeführt, um die äußere Schleife zu beenden, der eine äußere Bezeichnung zugewiesen ist.

Die unmarkierten continue- und etikettierten continue-Anweisungen:

Die unmarkierte continue-Anweisung überspringt den Rest der aktuellen Iteration und teilt der Iterationsanweisung mit, dass sie zur nächsten Iteration übergehen soll.

Es hat die folgende Syntax:

continue;

Hier ist eine Beispielverwendung der unmarkierten continue-Anweisung:

for (int i = -2; i <= 2; i++)

if (i == 0)

continue;

else

System.out.println(10 / i);

Dieses Beispiel mit der for-Anweisung iteriert von -2 nach 2, wiederholt eine if-else-Anweisung und inkrementiert i nach jeder Iteration um 1.

Um eine Division durch die Null-Ausnahme zu verhindern, wenn i 0 enthält, testet if das i für 0. Wenn dies der Fall ist, wird continue; ausgeführt, was for dazu bewirkt, dass i inkrementiert und dann i <= 2 ausgewertet wird. Andernfalls wird 10 / i wird ausgewertet und das Ergebnis ausgegeben.

Die bezeichnete continue-Anweisung überspringt die verbleibenden Iterationen von einer oder mehreren geschachtelten Iterationsanweisungen und überträgt die Ausführung an die Iterationsanweisung.

Es hat die folgende Syntax:

continue label;

Diese Syntax besteht aus reserviertem Wort continue gefolgt von einem nicht reservierten Wortbezeichner, der als Label dient, gefolgt von einem Semikolon. Die Beschriftung muss einer vorherigen Iterationsanweisung vorangestellt werden. Darauf muss ein Doppelpunkt folgen.

Hier ist ein Beispiel, das die etikettierte continue-Anweisung verwendet:

outer:

for (int i = -2; i <= 2; i++)

for (int j = -2; j <= 2; j++)

if (i == 0)

continue outer;

else

if (j == 0)

continue;

else

System.out.println(10 / i * j);

Dieses Beispiel zeigt ein Paar verschachtelter for-Schleifen, wobei jede Schleifenvariable von -2 bis 2 reicht. Die Idee besteht darin, 10 durch das Produkt der Schleifenvariablenwerte zu teilen. Eine Division durch Null wird jedoch auftreten, wenn eine der Variablen 0 enthält.

Um eine Division durch Null zu verhindern, wird eine verkettete if-else-Anweisung verwendet, um die Werte von i und j für 0 zu testen. Wenn der Wert von i 0 ist, continue mit „outer"; wird verwendet, um die innere Schleife zu beenden und die äußere Schleife (mit dem Label outer :) nach 0 zu verschieben. Wenn js Wert 0 ist, continue; wird verwendet, um die aktuelle innere Schleifeniteration zu beenden und die innere Schleife über 0 hinaus zu bewegen. Wenn keine Situation auftritt, wird die Berechnung durchgeführt und ihr Ergebnis ausgegeben.

Es gibt eine letzte zu beachtende Aussage, nämlich die leere Anweisung, eine Anweisung, die ausschließlich aus dem Semikolon besteht. Diese Aussage bringt nichts, und doch ist es nützlich.

Betrachten Sie das folgende Beispiel:

```
for (int ch; (ch = System.in.read()) != -1; System.out.print((char) ch));
```

In diesem Beispiel wird der Inhalt des Standard-Eingabestreams, der über Aufrufe von System.in.read () gelesen wird, in den Standard-Ausgabestream kopiert, der über Aufrufe von System.out.print (), einem Companion von System.out.println ( ), die kein Zeilentrennzeichen ausgeben. Es funktioniert am besten, wenn der Standard-Eingabestream von der Tastatur in eine Textdatei umgeleitet wird.

Bei der Umleitung zu einer Datei gibt System.in.read () -1 zurück, wenn keine Eingabe mehr erfolgt. Wenn es nicht umgeleitet wird, erhält System.in.read () seine Eingabe über die Tastatur und gibt niemals -1 zurück. Wenn keine weiteren Schlüsselcodes zurückgegeben werden, gibt System.in.read () ein Zeilentrennzeichen zurück - zwei Aufrufe werden unter Windows benötigt, um die Zeichen zurückzuliefern, ein Aufruf wird unter Unix Linux benötigt geben Sie ihr n-Zeichen zurück, und ein Anruf wird auf älteren Versionen von Mac OS benötigt, um sein r-Zeichen zurückzugeben. Weitere Informationen finden Sie unter Newline.

Wie Sie sehen, wird die gesamte Arbeit in den Initialisierungs- und Testabschnitten der for-Anweisung ausgeführt. Das letzte Semikolon bezieht sich auf die leere Anweisung, die wiederholt ausgeführt wird.

Um zu verdichten oder nicht zu verdichten

Einige Entwickler würden denken, dass das vorherige Beispiel wegen seiner Kompaktheit elegant ist, während andere Entwickler denken würden, dass die Kompaktheit des Codes es schwierig macht, sie zu lesen und zu verstehen.

Seien Sie vorsichtig mit der leeren Anweisung, da sie die Quelle von schwer zu findenden Fehlern sein kann.

Sie können beispielsweise Folgendes für die Anweisung erwarten, dass sie 10 Instanzen des Worts Hello ausgibt:

```
for (int i = 0; i < 10; i++);
```

```
System.out.println(„Hello");
```

www.ingramcontent.com/pod-product-compliance
Lightning Source LLC
Chambersburg PA
CBHW070844070326
40690CB00009B/1693